# EL MUNDO DE LAS CRIPTOMONEDAS Y LA OLA DIGITAL

## Cómo Invertir en Criptomonedas de Manera Inteligente y Segura

# TABLA DE CONTENIDO

# Introducción

Recuerdo vívidamente una noche de finales de noviembre, el aire frío y mis ojos fijos en la pantalla de la computadora. Los números danzaban, y mi corazón latía con fuerza mientras ejecutaba mi primera operación exitosa en criptomonedas. No se trataba solo de la ganancia; me di cuenta de que formaba parte de un movimiento más grande: una revolución financiera que estaba transformando nuestra comprensión del dinero. En ese momento, se encendió en mí una pasión por el fascinante, y a menudo impredecible, mundo de las monedas digitales. Esta experiencia personal, llena de emoción y aprendizaje, es la que estoy emocionado de compartir contigo.

Durante los últimos tres años, he navegado por los mercados de criptomonedas en plataformas como Robinhood, Coinbase, Crypto.com y Uphold. Estas experiencias me han enseñado no solo cómo comerciar con éxito, sino también cómo hacerlo de manera segura. He aprendido la importancia de mantener las claves privadas protegidas. Las claves privadas son esencialmente las contraseñas que te otorgan acceso a tus tenencias de criptomonedas, y perderlas podría significar perder tu inversión. También he aprendido sobre la necesidad crítica de comprender los riesgos asociados con los intercambios en línea. Fueron muchas las lecciones, algunas aprendidas de manera difícil, pero todas invaluables.

Este libro nació de una pasión por compartir estos conocimientos contigo. Su propósito es simple pero esencial: guiarte para que inviertas en criptomonedas de manera inteligente y segura. El conocimiento para proteger tus inversiones es crucial en un panorama lleno de potencial y peligro. El potencial radica en la oportunidad de obtener ganancias financieras significativas, pero el peligro está en el riesgo de perder tu inversión debido a la volatilidad del mercado, las brechas de seguridad o los cambios regulatorios. Exploraremos estrategias para asegurar que tus activos digitales permanezcan protegidos, y compartiré las prácticas que me han funcionado.

Las criptomonedas pueden ser intimidantes. La jerga técnica, el miedo a perder dinero y la naturaleza volátil del mercado pueden desalentar a muchos. Algunos dudan en entrar a este espacio por temor a no tener el conocimiento suficiente para triunfar. Este libro tiene como objetivo desmentir esos mitos y hacer que el mundo cripto sea accesible para todos. Romperemos las barreras que impiden a muchos beneficiarse de esta tecnología transformadora.

Lo que distingue a este libro es su base en experiencias del mundo real. No me limitaré a compartir teorías o conceptos abstractos. Encontrarás consejos prácticos y accionables extraídos de mi recorrido personal. Exploraremos casos prácticos, analizaremos tendencias de mercado actualizadas y navegaremos por el laberinto de los intercambios y los protocolos de seguridad. Esta guía está firmemente arraigada en la realidad y diseñada para proporcionarte las herramientas necesarias para triunfar. Con este enfoque práctico, te sentirás más que preparado para emprender tu viaje en el mundo de las criptomonedas, confiado en que cada consejo ha sido probado en el mundo real.

A medida que leas, te invito a verte reflejado en estas páginas. Ya seas un principiante curioso o un escéptico cauteloso, este libro está dirigido a ti. Exploraremos escenarios y preguntas que resonarán con personas de todas las edades y estilos de vida, ayudándote a encontrar tu lugar en el panorama cripto.

El libro está estructurado para llevarte de manera gradual y cómoda desde ser un principiante hasta convertirte en un inversor informado. Comenzaremos entendiendo el panorama de las criptomonedas, luego pasaremos a configurar cuentas y navegar por los mercados. Nos adentraremos en cómo garantizar la seguridad para que tus inversiones permanezcan protegidas. Cada sección se construye sobre la anterior, guiándote paso a paso. Este enfoque asegura que nunca te sientas abrumado y que siempre tengas el control de tu aprendizaje, ofreciendo una experiencia cómoda y tranquilizadora.

Da el primer paso en tu viaje hacia el mundo de las criptomonedas y prepárate para entrar con confianza en el mundo de las monedas digitales. El futuro de las finanzas es digital, y ahora es el momento de ser parte de esta emocionante evolución. Bienvenido a un viaje de descubrimiento, oportunidad y empoderamiento.

# Capítulo 1: Comprendiendo el Panorama de las Criptomonedas

Al recordar ese momento crucial, me maravillo de cómo el aparentemente abstracto mundo de las criptomonedas se ha convertido en una parte integral de nuestros sistemas financieros. Es difícil creer que lo que comenzó con una sola transacción de Bitcoin se haya transformado en un fenómeno global. La evolución de las monedas digitales es fascinante y un testimonio del poder de la innovación. Este capítulo busca desentrañar las complejidades y maravillas del panorama de las criptomonedas, un ámbito que sigue cautivando y desafiando a los inversionistas de todo el mundo.

**1.1 Descifrando Blockchain: La Columna Vertebral de las Criptomonedas**

En el corazón de cada criptomoneda yace una maravilla de la tecnología moderna: el blockchain. Este libro mayor descentralizado registra transacciones a través de una red de computadoras, asegurando que permanezca inalterable una vez que los datos ingresan a la cadena. Imagina una serie de bloques que contienen un conjunto de datos de transacciones enlazados en una cadena. Estos bloques están asegurados criptográficamente, lo que hace que manipular la información contenida sea prácticamente imposible. Esta inmutabilidad es un pilar de la integridad del blockchain, ofreciendo un nivel de seguridad que las bases de datos tradicionales no pueden igualar.

La tecnología blockchain es un cambio de paradigma en el almacenamiento y gestión de datos. En lugar de depender de una autoridad central, la naturaleza descentralizada del blockchain es su punto de venta único. Esto significa que ninguna entidad controla el libro mayor, distribuyendo el control entre una red de participantes. Esto no solo mejora la seguridad y la transparencia, sino que también revoluciona nuestra forma de pensar sobre la gestión de datos. Mecanismos como Prueba de Participación (Proof of Stake) y Prueba de Trabajo (Proof of Work) garantizan que todos los participantes estén de acuerdo con la validez de las transacciones, manteniendo la integridad del blockchain. Al eliminar la necesidad de intermediarios, el blockchain reduce costos y riesgos, ofreciendo una alternativa más eficiente y segura para el procesamiento de transacciones.

El mundo del blockchain es diverso, con distintos tipos que se adaptan a diversas necesidades. Blockchains como Bitcoin y Ethereum están abiertos a casi todos, permitiendo a los participantes unirse y contribuir a la red. Estas plataformas proporcionan transparencia y seguridad, lo que las hace ideales para sistemas financieros abiertos. En contraste, los blockchains privados restringen el acceso y suelen ser utilizados por empresas que buscan soluciones internas y seguras para la gestión de datos. Los blockchains de consorcio ofrecen un punto intermedio, donde varias organizaciones gobiernan la red, equilibrando transparencia con acceso controlado. Cada tipo satisface casos de uso específicos, ilustrando la versatilidad de la tecnología blockchain.

A pesar de su creciente prominencia, el blockchain a menudo enfrenta malentendidos. Muchos todavía asumen que es sinónimo de criptomonedas, ignorando sus aplicaciones más amplias en sectores como la atención médica y las cadenas de suministro. Los blockchains pueden almacenar datos de manera segura, no solo transacciones financieras. Algunos confunden blockchain con tecnología de libros mayores distribuidos (DLT, por sus siglas en inglés), aunque el blockchain es un tipo de DLT distinguido por su estructura única y características criptográficas. Comprender estas sutilezas ayuda a desmitificar el blockchain, revelando su potencial más allá de las criptomonedas.

El potencial transformador del blockchain se extiende mucho más allá de las monedas digitales. Su naturaleza descentralizada lo convierte en una plataforma robusta para la innovación, ofreciendo un método seguro y transparente para realizar transacciones. Ya sea para rastrear cadenas de suministro, asegurar registros médicos o facilitar pagos transfronterizos, el blockchain proporciona una gestión de datos confiable que desafía los sistemas tradicionales. También ofrece servicios financieros a poblaciones sin acceso bancario, destacando su capacidad para generar cambios positivos. A medida que exploramos las complejidades del blockchain, descubrimos una tecnología con el poder de redefinir industrias y empoderar a las personas, demostrando su potencial para impulsar un futuro financiero más dinámico e inclusivo.

Al comprender las complejidades de la tecnología blockchain, obtienes una visión clara de los fundamentos de las criptomonedas y sus implicaciones más amplias. Este conocimiento te equipa para navegar el panorama cripto con confianza, apreciando la seguridad y eficiencia del blockchain. A medida que te adentres más en las monedas digitales, descubrirás que el blockchain no es solo una maravilla tecnológica; es una puerta hacia una era innovadora de alternativas financieras. Su seguridad y eficiencia te ofrecen tranquilidad, reafirmando su papel en el futuro de las finanzas.

**1.2 Tipos de Criptomonedas: Más Allá de Bitcoin**
Bitcoin se alza como el primer faro de la revolución de las criptomonedas, una creación del enigmático Satoshi Nakamoto que llevó el concepto de moneda digital a la conciencia general. Su introducción marcó un cambio fundamental en los sistemas financieros tradicionales, ofreciendo una forma alternativa de intercambio de valor basada en la criptografía y la descentralización. A menudo aclamado como "oro digital", Bitcoin se ha convertido en una reserva de valor, al igual que los metales preciosos, debido a su suministro limitado de monedas. Esta escasez y la robusta seguridad de su red han permitido a Bitcoin mantener una posición dominante en el mercado, atrayendo atención e inversión a nivel global.

Sin embargo, el panorama de las monedas digitales se extiende mucho más allá de Bitcoin, ofreciendo una miríada de altcoins, cada una con características e innovaciones únicas. Ethereum, por ejemplo, ha creado un nicho con su innovadora funcionalidad de contratos inteligentes. A diferencia de Bitcoin, Ethereum permite a los desarrolladores construir aplicaciones descentralizadas (dApps) en su plataforma, creando efectivamente un blockchain programable. Esta flexibilidad ha impulsado una ola de innovación, particularmente en las finanzas descentralizadas (DeFi), donde los servicios financieros tradicionales se reimaginan sin intermediarios. Ripple, por otro lado, se enfoca en revolucionar los pagos transfronterizos, facilitando transacciones casi instantáneas con tarifas mínimas. Litecoin, con velocidades de transacción más rápidas, se presenta como una opción práctica para transacciones cotidianas. La diversidad de estas opciones no solo es intrigante, sino también emocionante, ofreciendo una amplia gama de oportunidades para todos los interesados en el mercado de criptomonedas.

## 1.3 Los Mecánicos de la Minería: Cómo se Crean Nuevas Monedas

El concepto de la minería de criptomonedas es tan fascinante como intrincado. En su núcleo, la minería implica un proceso de crecimiento y construcción intrigante para validar y registrar transacciones en la blockchain. Este proceso es crucial, ya que garantiza la integridad y seguridad de la red. Los mineros, que son esencialmente la columna vertebral de este libro mayor digital, realizan estos cálculos utilizando computadoras potentes. Una vez resuelto un problema, se agrega un nuevo bloque a la blockchain, y el minero recibe nuevas monedas como recompensa. Esto incentiva a los mineros a seguir apoyando la red, convirtiendo la minería en una función crítica y una oportunidad financiera.

La minería utiliza mecanismos de consenso para mantener la fiabilidad de la blockchain. El más común es la Prueba de Trabajo (Proof of Work, PoW), que utiliza Bitcoin. En este mecanismo, los mineros compiten para resolver problemas criptográficos, que requieren una cantidad significativa de poder computacional y energía. En contraste, la Prueba de Participación (Proof of Stake, PoS) ofrece una alternativa seleccionando validadores en función de las monedas que han apostado como garantía. PoS consume menos energía y permite un procesamiento de transacciones más rápido, lo que resulta atractivo para las criptomonedas más nuevas que priorizan la sostenibilidad y la escalabilidad. Cada método tiene beneficios y desventajas, influyendo en cómo los mineros abordan sus tareas.

Para participar en la minería, es necesario invertir en hardware y software específicos. Los Circuitos Integrados de Aplicación Específica (ASIC, por sus siglas en inglés) son máquinas altamente eficientes diseñadas para la minería PoW, particularmente para Bitcoin. Ofrecen un rendimiento superior, aunque a un precio elevado. Por otro lado, las Unidades de Procesamiento Gráfico (GPUs) proporcionan flexibilidad, permitiendo a los mineros cambiar entre diferentes criptomonedas. Aunque son menos potentes que los ASIC, las GPUs son más accesibles y pueden utilizarse para otras tareas computacionales. Además del hardware, el software de minería es crucial, ya que permite a los mineros conectarse a la red blockchain, unirse a pools de minería y optimizar sus operaciones.

El impacto ambiental de la minería ha generado un debate significativo. La minería de Bitcoin, por ejemplo, consume grandes cantidades de energía, lo que lleva a preocupaciones sobre las emisiones de carbono y la sostenibilidad. La respuesta de la industria ha sido variada, con algunas iniciativas enfocándose en fuentes de energía renovable para alimentar las operaciones de minería. También se están realizando esfuerzos para transicionar hacia mecanismos de consenso menos intensivos en energía, como PoS, con el objetivo de mitigar el daño ambiental. Estas soluciones ecológicas destacan la tensión constante entre el avance tecnológico y la responsabilidad ecológica, un equilibrio que la industria sigue tratando de lograr.

Económicamente, la minería presenta tanto oportunidades como riesgos. Los mineros obtienen recompensas por bloque y tarifas de transacción, lo que puede ser lucrativo, especialmente cuando los precios de las criptomonedas son altos. Sin embargo, la volatilidad de estos precios representa un desafío significativo. La rentabilidad de la minería puede fluctuar drásticamente, influenciada por las tendencias del mercado y el costo de la electricidad. Como resultado, los mineros deben evaluar constantemente sus estrategias, equilibrando los costos operativos con los posibles rendimientos. Para muchos, es un esfuerzo de alto riesgo que requiere planificación cuidadosa y adaptabilidad.

La complejidad y los desafíos de la minería reflejan la dinámica más amplia del mundo de las criptomonedas. Requiere conocimientos técnicos, entendimiento financiero y disposición para adaptarse a condiciones cambiantes. Sin embargo, para quienes tienen éxito, la minería ofrece no solo recompensas financieras, sino también la sensación de contribuir a un movimiento tecnológico innovador. A medida que continuamos explorando las complejidades de las criptomonedas, el papel de la minería sigue siendo central, un testimonio del espíritu innovador que impulsa esta frontera digital.

**1.4 Nodos y Redes: Los Pilares de la Descentralización**
Imagina una ciudad bulliciosa donde cada edificio representa un nodo en una red blockchain. Así como cada edificio juega un papel en el ecosistema de la ciudad, cada nodo contribuye a la funcionalidad y seguridad de la blockchain. Estos nodos, que actúan como computadoras individuales conectadas a la red, realizan tareas que van

desde la validación de transacciones hasta el almacenamiento de una copia completa de la blockchain. Los nodos completos son como rascacielos, albergando datos completos y garantizando la robustez de la red. Verifican cada transacción en función de las reglas de la blockchain, manteniendo la integridad del libro mayor. Por otro lado, los nodos ligeros funcionan como pequeñas oficinas; dependen de los nodos completos para la validación de datos, pero ofrecen conveniencia y rapidez para tareas cotidianas. La diversidad de estos nodos, cada uno con sus fortalezas, mejora la resiliencia de la red, de la misma manera en que una ciudad prospera con su infraestructura variada.

A medida que ocurren transacciones dentro de esta ciudad digital, los nodos colaboran para validarlas, asegurando la integridad de la red. Este proceso se asemeja a un sistema de vigilancia vecinal, donde los miembros de la comunidad verifican colectivamente las actividades. Los nodos utilizan mecanismos de consenso para ponerse de acuerdo sobre qué transacciones son legítimas. Este proceso de consenso involucra algoritmos complejos que confirman la exactitud de las transacciones antes de agregarlas a la blockchain. Una vez validadas, estas transacciones se convierten en parte de un libro mayor inmutable, como un archivo de la ciudad que registra cada evento. Este sistema de acuerdo colectivo elimina la necesidad de una autoridad central, fomentando un sentido de confianza y seguridad entre los participantes.

La descentralización se erige como un faro de seguridad y confianza en los sistemas blockchain. En las redes tradicionales, un único punto de falla puede llevar a consecuencias catastróficas, como un apagón en una ciudad que depende de una sola planta eléctrica. La naturaleza descentralizada del blockchain dispersa el control, impidiendo que cualquier entidad manipule los datos. Esto crea un sistema sin intermediarios, donde las transacciones ocurren directamente entre las partes, similar a vecinos comerciando sin un intermediario. La ausencia de un control central mejora la seguridad, ya que no hay un objetivo único para los ataques maliciosos. La confianza emerge orgánicamente de la estructura de la red, asegurando a los participantes que sus transacciones son seguras y confiables.

**Sin embargo**, las redes descentralizadas enfrentan desafíos que ponen a prueba su escalabilidad y eficiencia. A medida que más participantes se unen, la red puede experimentar congestión, similar al tráfico en hora punta en una ciudad en crecimiento. Esta congestión plantea el trilema de la escalabilidad: un equilibrio entre seguridad, descentralización y escalabilidad. Encontrar el equilibrio entre estos factores es crucial para mantener una red que pueda crecer sin comprometer la seguridad o la descentralización. Soluciones como el sharding dividen la red en segmentos más pequeños y manejables, permitiendo el procesamiento paralelo de transacciones. Los protocolos de capa 2, similares a un carril exprés en el tráfico, buscan aliviar la congestión procesando colectivamente las transacciones fuera de la blockchain principal antes de registrarlas. Estas soluciones ofrecen esperanza para abordar los problemas de escalabilidad, asegurando que las redes descentralizadas puedan acomodar el crecimiento mientras conservan sus principios fundamentales.

A medida que evoluciona la tecnología blockchain, los nodos siguen siendo centrales para su operación, encarnando el espíritu descentralizado que subyace en el sistema. Comprender el papel de los nodos nos proporciona una visión de la mecánica de las redes blockchain y su potencial para transformar industrias. La interacción entre nodos, transacciones y descentralización forma la columna vertebral de esta tecnología transformadora. Al abrazar las posibilidades del blockchain, entramos en un mundo donde la confianza, la seguridad y la innovación convergen, allanando el camino hacia un futuro que desafía las convenciones y empodera a las personas. A través de la lente de los nodos y las redes, vislumbramos la intrincada danza entre tecnología y comunidad, una danza que promete redefinir cómo interactuamos y realizamos transacciones en la era digital.

# Capítulo 2: Preparándote para el Éxito

Imagina enfrentarte a un vasto mercado digital, lleno de oportunidades pero también de riesgos. El potencial de crecimiento es inmenso, pero también lo son las trampas para quienes no están preparados. Este capítulo te guiará en la navegación de este complejo panorama, comenzando con la elección de un intercambio de criptomonedas seguro. Esta elección puede marcar la diferencia entre una experiencia gratificante y una pérdida desastrosa. Los intercambios actúan como tu puerta de entrada a las monedas digitales, facilitando la compra, venta y comercio de diversos tokens. Sin embargo, no todos los intercambios son iguales. Elegir uno confiable es crucial para comerciar de manera segura y exitosa.

La historia de las criptomonedas está plagada de relatos sobre intercambios que sucumbieron a brechas de seguridad. Estos incidentes han dejado a los inversores cautelosos y sirven como recordatorios contundentes de los riesgos involucrados. Un ejemplo infame es el hackeo de Mt. Gox, que resultó en la pérdida de millones de dólares en Bitcoin. Esta brecha quebró la confianza en los intercambios y subrayó la importancia de medidas de seguridad sólidas. Al elegir un intercambio, la reputación es primordial. Es esencial examinar las reseñas y calificaciones de los usuarios, ya que estas pueden proporcionar información sobre la fiabilidad y la experiencia del usuario en la plataforma. La reputación de una plataforma a menudo refleja su compromiso con la seguridad y el servicio al cliente, convirtiéndola en un factor crítico en tu proceso de decisión.

Los intercambios confiables poseen varias características clave que los distinguen. Una interfaz fácil de usar es una de ellas, garantizando que los principiantes puedan navegar por la plataforma sin problemas. Un diseño intuitivo reduce la curva de aprendizaje y te permite centrarte en el comercio en lugar de lidiar con sistemas complejos. Además, la liquidez y el volumen de comercio son indicadores vitales de la credibilidad de un intercambio. Una alta liquidez significa que puedes ejecutar transacciones rápidamente sin causar fluctuaciones significativas en los precios, mientras que un volumen de comercio sustancial refleja la popularidad y confianza de la plataforma dentro de la comunidad. Estos componentes facilitan experiencias de comercio fluidas y mejoran tu capacidad para aprovechar las oportunidades del mercado.

El cumplimiento normativo es otro aspecto esencial de un intercambio seguro. La adhesión a estándares legales indica que la plataforma opera dentro de un marco diseñado para proteger a los inversores. Familiarízate con las políticas de Conozca a Su Cliente (KYC, por sus siglas en inglés) y Contra el Lavado de Dinero (AML) del intercambio. Estas políticas están diseñadas para prevenir fraudes y garantizar que solo usuarios legítimos accedan a la plataforma. Además, pregunta por las políticas de seguro del intercambio para los fondos de los usuarios. Aunque los intercambios de criptomonedas no son miembros de la Securities Investor Protection Corporation (SIPC), algunas plataformas ofrecen seguros para cubrir posibles pérdidas debido a robos o hackeos. Esta capa adicional de seguridad puede brindarte tranquilidad mientras realizas actividades comerciales.

Considera la siguiente lista de verificación como una herramienta práctica para ayudarte a evaluar los posibles intercambios:

- **Reputación**: Revisa las reseñas de los usuarios y las calificaciones de la plataforma.
- **Interfaz de Usuario**: Asegúrate de que sea intuitiva y fácil de usar.
- **Liquidez y Volumen**: Busca alta liquidez y un volumen de comercio sustancial.
- **Cumplimiento Normativo**: Verifica las políticas KYC y AML.
- **Políticas de Seguro**: Pregunta sobre el seguro para los fondos de los usuarios.
- **Transparencia de Tarifas**: Confirma la claridad de las tarifas.
- **Atención al Cliente**: Encuentra canales de soporte disponibles y efectivos.

Estos elementos combinados te guiarán en la selección de un intercambio que se alinee con tus necesidades y objetivos comerciales. Al elegir una plataforma confiable y segura, estarás mejor preparado para aprovechar las oportunidades que ofrece el dinámico mundo de las criptomonedas.

**2.2 Introducción a los Monederos: Soluciones de Almacenamiento en Caliente vs. Frío**
Los monederos de criptomonedas son la base de cualquier estrategia de activos digitales, esenciales para almacenar y gestionar tus inversiones. A diferencia de los intercambios, que facilitan la compra y venta de criptomonedas, los monederos están dedicados exclusivamente a mantener tus monedas digitales. Esta distinción es crucial, ya que,

aunque los intercambios pueden ser convenientes para el comercio, no son inherentemente seguros para el almacenamiento a largo plazo. Un monedero personal garantiza que solo tú tengas acceso a tus activos, minimizando el riesgo de pérdida debido a una brecha de seguridad o el cierre de un intercambio. Es como mantener tu dinero seguro en casa en lugar de dejarlo en un banco donde solo puedes supervisar su seguridad indirectamente. Comprender estas diferencias es fundamental para proteger tus inversiones.

Cuando se trata de monederos de criptomonedas, la elección a menudo se reduce a soluciones de almacenamiento en caliente o frío. Los monederos en caliente, conectados a internet, están diseñados para un acceso fácil y transacciones rápidas. Son similares a aplicaciones móviles o interfaces web, como **Coinbase Wallet** o **MetaMask**, y proporcionan una forma sencilla de gestionar tus transacciones diarias. Sin embargo, esta conectividad implica un compromiso. Estar en línea hace que los monederos en caliente sean más vulnerables a intentos de hackeo, como dejar tu bolso en una mesa de café.

Por otro lado, los monederos en frío, que no están conectados a internet, son la opción ideal para el almacenamiento a largo plazo. Estos pueden ser dispositivos de hardware similares a memorias USB, como **Trezor** o **Ledger**, o incluso monederos en papel. El almacenamiento en frío es inmune a las amenazas en línea, lo que lo convierte en una solución altamente segura para proteger tus activos durante períodos prolongados. Es como guardar tus objetos de valor en una caja fuerte cerrada, lejos de miradas indiscretas.

Las consideraciones de seguridad para cada tipo de monedero son primordiales. Si bien los monederos en caliente ofrecen conveniencia, su vulnerabilidad a amenazas cibernéticas no debe subestimarse. Los hackers siempre buscan formas de explotar los sistemas en línea, y si tu monedero en caliente se ve comprometido, tus activos podrían estar en riesgo. Por el contrario, los monederos en frío destacan en seguridad gracias a su naturaleza fuera de línea. Son menos susceptibles a los hackeos, pero requieren un manejo y almacenamiento cuidadosos. Perder un monedero en frío o su frase de recuperación significa perder el acceso a tus fondos de forma permanente. Por ello, es fundamental respaldar tu monedero en frío y colocarlo en un lugar seguro, como lo harías con documentos importantes.

Para garantizar la seguridad y accesibilidad de tus activos digitales, sigue las mejores prácticas para la gestión de monederos. Actualiza regularmente el software y firmware de tu monedero para defenderte contra vulnerabilidades. Los desarrolladores suelen lanzar actualizaciones para corregir fallas de seguridad, y mantenerse al día puede proteger tus activos de amenazas emergentes. Además, emplea contraseñas sólidas y únicas. Las contraseñas complejas brindan una capa adicional de seguridad. Habilitar funciones de seguridad como la autenticación de dos factores (2FA), cuando esté disponible, también mejora la protección. Este simple paso puede evitar accesos no autorizados, incluso si tu contraseña es comprometida. Por último, diversifica tu enfoque de almacenamiento. Usa monederos en caliente para transacciones rutinarias y reserva los monederos en frío para mantener tus ahorros a largo plazo, equilibrando conveniencia y seguridad.

Siguiendo estas pautas, podrás navegar por el mundo de las criptomonedas con mayor confianza y tranquilidad.

---

## 2.3 Creando tu Primera Cuenta de Criptomonedas: Guía Paso a Paso

Configurar tu primera cuenta de criptomonedas es un paso significativo que abre las puertas a los activos digitales. El proceso comienza seleccionando un intercambio de criptomonedas que se alinee con tus objetivos. Una vez que hayas elegido un intercambio, el siguiente paso es registrar tu información básica, como tu nombre, dirección de correo electrónico y una contraseña segura. Elegir una contraseña sólida que combine letras, números y símbolos es necesario para mejorar la seguridad. Después de enviar esta información, probablemente recibirás un correo electrónico de confirmación. Sigue las instrucciones del correo para activar tu cuenta. Este paso es crucial, ya que garantiza que el intercambio reconozca tu identidad, sentando las bases para transacciones seguras.

El proceso de registro es solo el comienzo. A continuación, deberás completar el proceso de verificación de identidad, a menudo llamado **KYC** o "Conoce a tu Cliente". Este paso requiere que proporciones documentación requerida, generalmente una identificación emitida por el gobierno. Aunque pueda parecer tedioso, es necesario para proteger tu cuenta y cumplir con los estándares regulatorios. Verificar tu identidad mejora la seguridad y desbloquea funciones adicionales en el intercambio. Por ejemplo, las cuentas verificadas generalmente disfrutan de límites de retiro más altos, lo que te permite acceder a tus fondos con mayor libertad. Además, en caso de problemas, tener una cuenta verificada facilita la recuperación. Esta capa de seguridad asegura que tus activos permanezcan protegidos, brindándote tranquilidad mientras navegas por el panorama cripto.

Con tu cuenta verificada, es momento de configurar métodos de pago, generalmente vinculando tu cuenta bancaria o tarjeta de crédito al intercambio, lo que te permitirá comprar criptomonedas. Las transferencias bancarias suelen tener tarifas más bajas, pero pueden tardar más en procesarse, mientras que las tarjetas de crédito ofrecen transacciones instantáneas, aunque pueden incurrir en cargos más altos. Elige la opción que mejor se adapte a tus necesidades. Al vincular un método de pago, asegúrate de que todas las transacciones sean seguras. Busca intercambios que utilicen encriptación y otras medidas de seguridad para proteger tus datos financieros. Los métodos de pago verificados agilizan el proceso de compra y añaden una capa adicional de seguridad a tus transacciones, reduciendo el riesgo de fraude.

Una vez configurados los métodos de pago, enfócate en proteger tu cuenta. Comienza revisando tu contraseña y las preguntas de seguridad. Estas deben ser únicas y complejas, desalentando accesos no autorizados. Usa un administrador de contraseñas si es necesario para llevar un registro de tus credenciales. Habilita inmediatamente la autenticación de dos factores (2FA). Esto requiere una segunda forma de verificación al iniciar sesión, brindándote mayor seguridad. La 2FA protege y reduce el riesgo de accesos no autorizados a tus cuentas, incluso si tu contraseña es comprometida. La mayoría de los intercambios ofrecen esta función, y activarla es un proceso sencillo que mejora significativamente la seguridad de tu cuenta.

Siguiendo estos pasos, habrás establecido una base sólida para tus actividades de criptomonedas. Aunque la configuración inicial pueda parecer meticulosa, una pequeña inversión de tiempo rinde frutos en términos de seguridad y tranquilidad. A medida que avances en tu viaje por las criptomonedas, recuerda que la vigilancia y la gestión proactiva de tus cuentas son esenciales. Mantente siempre informado sobre las actualizaciones de seguridad y adapta tus medidas a medida que evoluciona el panorama digital. Con tu cuenta configurada de manera segura, estarás listo para explorar las oportunidades que ofrecen las criptomonedas, equipado con el conocimiento y las herramientas para navegar con confianza en esta emocionante nueva frontera.

## 2.4 Autenticación de Dos Factores y Más Allá: Mejorando la Seguridad de la Cuenta

En el mundo digital, proteger tus cuentas de criptomonedas es primordial. La autenticación de dos factores, o **2FA**, es una herramienta simple pero poderosa que protege contra accesos no autorizados. Cuando activas la 2FA, acceder a tu cuenta requiere más que una contraseña; también necesitas una segunda forma de verificación, lo que reduce significativamente el riesgo de brechas de seguridad. Existen diferentes métodos de 2FA, siendo los más comunes los basados en SMS y las aplicaciones autenticadoras. Mientras que la 2FA basada en SMS envía un código de verificación a tu teléfono, las aplicaciones autenticadoras generan códigos sensibles al tiempo que son más seguros. Aplicaciones como **Google Authenticator** o **Authy** son menos vulnerables a intercepciones que el SMS, convirtiéndose en la opción preferida para asegurar cuentas sensibles.

Más allá de la 2FA, otras medidas avanzadas de seguridad pueden fortalecer aún más tu cuenta. La autenticación biométrica es una de estas opciones, utilizando el reconocimiento facial o las huellas dactilares para verificar tu identidad. Esta tecnología se está volviendo cada vez más común, ofreciendo una forma segura y fluida de acceder a tus cuentas. Las llaves de seguridad también proporcionan una protección robusta. Estos dispositivos de hardware, como **YubiKeys**, se conectan a tu computadora o teléfono y requieren presencia física para autorizar transacciones. Son particularmente efectivas contra ataques de phishing, ya que no pueden ser duplicadas ni interceptadas fácilmente. Integrar estas tecnologías en tu rutina de seguridad puede mejorar significativamente las defensas de tu cuenta frente a amenazas.

Realizar auditorías de seguridad regularmente es esencial para mantener la seguridad de tu cuenta. Así como revisarías las cerraduras de tu casa de manera rutinaria, también es vital examinar las configuraciones de seguridad de tus cuentas digitales. Busca actividades inusuales, como inicios de sesión o transacciones no reconocidos, y repórtalos de inmediato. Mantener tu información personal actualizada asegura que puedas recuperar tu cuenta rápidamente si es necesario. Esta práctica también ayuda a preservar la integridad de tu cuenta, ya que los actores maliciosos pueden aprovechar información desactualizada. Revisar regularmente tus configuraciones de seguridad te permite adaptarte a nuevas amenazas y actualizar tus defensas según sea necesario.

Para implementar estas estrategias, considera la siguiente lista de verificación para mantener la seguridad de tu cuenta:

- **Habilitar la 2FA**: Prefiere las aplicaciones autenticadoras en lugar de los SMS para mayor seguridad.
- **Usar Autenticación Biométrica**: Activa esta opción si está disponible en tus dispositivos.
- **Emplear Llaves de Seguridad**: Considera usar llaves de hardware para cuentas críticas.
- **Realizar Auditorías de Seguridad**: Revisa regularmente la actividad de tu cuenta y tu información personal.
- **Cambiar Contraseñas Regularmente**: Crea contraseñas fuertes y únicas con un administrador de contraseñas.
- **Estar Atento a Estafas de Phishing**: Aprende a reconocer correos y enlaces sospechosos.

Con estas medidas implementadas, puedes navegar por el mundo de las criptomonedas con mayor confianza y tranquilidad. Adoptar estas prácticas de seguridad no solo protege tus inversiones, sino que también te empodera para explorar las oportunidades que ofrecen las criptomonedas. A medida que continúas desarrollando tus conocimientos y habilidades, recuerda que estar un paso adelante de las posibles amenazas es clave para tener éxito en este entorno dinámico.

# Capítulo 3: Navegando el Mercado

Imagina estar en un crucero, navegando a través de un mar de información, con el horizonte salpicado de oportunidades y desafíos. En el mundo de las criptomonedas, comprender los movimientos del mercado es similar a leer las estrellas para orientarse. Requiere una combinación de habilidad, intuición y las herramientas adecuadas. Este capítulo te guiará a través del significado de leer gráficos de criptomonedas, una habilidad vital para cualquiera que desee tomar decisiones comerciales informadas. Como principiante, entender los conceptos básicos del análisis técnico puede parecer desalentador, pero es un viaje que vale la pena emprender. Este enfoque utiliza datos históricos para anticipar movimientos futuros de precios, como un marinero que predice patrones climáticos basándose en tormentas pasadas.

En el centro del análisis técnico están los patrones de velas japonesas, que proporcionan pistas visuales sobre el sentimiento del mercado. Cada vela representa el movimiento de precios dentro de un marco temporal específico, ofreciendo información sobre si el mercado es alcista (con expectativas de que suba) o bajista (con expectativas de que baje). Por ejemplo, una vela verde larga indica una intensa presión de compra, lo que sugiere un mercado alcista, mientras que una vela roja larga señala presión de venta y una tendencia bajista. Comprender estas señales es crucial para tomar decisiones estratégicas, permitiéndote entrar o salir de operaciones de manera oportuna. Junto con los patrones de velas, los niveles de soporte y resistencia son conceptos clave. El soporte es un nivel de precios donde la demanda evita que el precio caiga más, mientras que la resistencia es donde la presión de venta puede detener el ascenso del precio. Identificar estos niveles te ayuda a encontrar posibles puntos de entrada y salida, mejorando tu estrategia de comercio.

Diferentes tipos de gráficos ofrecen diversas perspectivas sobre las tendencias del mercado. Los gráficos de líneas, por ejemplo, proporcionan una vista sencilla de los movimientos generales de precios a lo largo del tiempo, ideales para identificar tendencias a largo plazo. Por otro lado, los gráficos de barras ofrecen más detalles, mostrando precios de apertura y cierre, así como los máximos y mínimos durante un período (ya sea intradía, diario, semanal o mensual). Estos gráficos son útiles para los operadores que necesitan una comprensión más profunda de las fluctuaciones de precios y sus implicaciones. Estudiar estos tipos de gráficos te permite personalizar tu análisis para adaptarlo a tu estilo y objetivos de comercio.

Los indicadores técnicos y osciladores son herramientas invaluables en tu arsenal analítico, ya que te ayudan a evaluar las condiciones del mercado y los posibles cambios de precios. Las medias móviles, por ejemplo, suavizan los datos de precios, permitiéndote identificar tendencias y posibles reversos. Una media móvil ascendente sugiere una tendencia alcista, mientras que una descendente señala un mercado bajista. Otra herramienta poderosa es el Índice de Fuerza Relativa (**RSI**), que mide la velocidad y el cambio en los movimientos de precios. Indica si una criptomoneda está sobrecomprada o sobrevendida, ayudándote a evaluar el impulso del mercado y tomar decisiones comerciales informadas. Integrar estos indicadores en tu análisis proporciona una visión más completa de las dinámicas del mercado, permitiéndote navegar con confianza en el espacio cripto.

Para ilustrar la aplicación de estas herramientas, considera los movimientos históricos de precios de Bitcoin. Durante su carrera alcista de 2017, el precio de Bitcoin aumentó a máximos pronosticados, impulsado por la euforia del mercado y una mayor adopción. Al analizar los patrones de velas y las medias móviles, los operadores pudieron identificar niveles críticos de soporte y resistencia, tomando decisiones inteligentes sobre cuándo comprar o vender. De manera similar, el aumento del precio de Ethereum en años recientes ofrece otro ejemplo. A medida que los contratos inteligentes ganaron popularidad, el valor de Ethereum aumentó, y los indicadores técnicos destacaron posibles puntos de entrada para inversores astutos. Estos escenarios del mundo real demuestran cómo el análisis técnico puede ampliar tu conocimiento sobre las tendencias del mercado y mejorar los resultados de tus operaciones.

**Ejercicio: Practica el Análisis de un Gráfico de Criptomonedas**

1. **Elige una Criptomoneda**: Selecciona una criptomoneda popular como Bitcoin o Ethereum.
2. **Encuentra un Gráfico Confiable**: Usa una plataforma como **TradingView** o **CoinMarketCap** para acceder a gráficos detallados.
3. **Identifica Patrones de Velas**: Busca patrones alcistas o bajistas dentro de un marco de tiempo específico.
4. **Determina Niveles de Soporte y Resistencia**: Marca estos puntos clave de precios en el gráfico.

5. **Aplica Indicadores Técnicos**: Utiliza medias móviles y el RSI para evaluar las condiciones del mercado.
6. **Realiza un Comercio Hipotético**: Con base en tu análisis, decide posibles puntos de entrada y salida.

Practicar estos pasos regularmente te ayudará a perfeccionar tus habilidades analíticas, empoderándote para tomar decisiones informadas mientras navegas por el dinámico mundo de las criptomonedas.

---

## 3.2 Mercados Alcistas y Bajistas: Identificando Ciclos de Mercado

En el mundo de las criptomonedas, los ciclos de mercado son tan inevitables como las estaciones del año. Comprender estos ciclos es crucial para cualquier inversor que busque navegar la complejidad de los activos digitales. Los ciclos de mercado suelen consistir en varias fases, cada una con características e implicaciones específicas para las estrategias comerciales. Por ejemplo:

- **Fase de Acumulación**: Los inversores más experimentados adquieren activos discretamente a precios bajos, a menudo sin ser notados por el mercado en general. Esta fase puede ser una excelente oportunidad para comprar, ya que los precios suelen estabilizarse tras una caída previa, preparando el terreno para un posible crecimiento.
- **Fase de Distribución**: A medida que el ciclo avanza, el mercado entra en una fase caracterizada por un aumento en la actividad comercial y el optimismo.

Durante este período, los precios pueden alcanzar su punto máximo mientras los inversores comienzan a vender activos en previsión de una recesión.

Reconocer estas fases te permite tomar decisiones informadas, maximizando tus ganancias potenciales y minimizando riesgos.

Los mercados alcistas y bajistas son entornos distintos dentro de estos ciclos, y cada uno requiere un enfoque diferente:

- **Mercado Alcista**: Se define por precios en alza y un optimismo generalizado entre los inversores. En este entorno, la confianza es alta, y muchos comerciantes están ansiosos por comprar, esperando capitalizar las tendencias ascendentes. Sin embargo, es importante ser cauteloso y evitar dejarse llevar por la euforia, lo que podría llevar a sobrevalorar activos.
- **Mercado Bajista**: Se caracteriza por precios en descenso y un pesimismo generalizado. Durante estos períodos, el miedo y la incertidumbre pueden llevar a ventas masivas mientras los inversores intentan minimizar pérdidas. Aunque los mercados bajistas pueden ser desafiantes, también ofrecen oportunidades para quienes permanecen calmados y estratégicos.

**Estrategias para Navegar Ciclos de Mercado**

1. **Promedio de Costos en Dólares (Dollar-Cost Averaging)**: Consiste en invertir una cantidad fija de dinero en fechas establecidas, independientemente de las condiciones del mercado. Esto te permite

adquirir más activos cuando los precios son bajos y menos cuando son altos, reduciendo el impacto de la volatilidad.

2. **Órdenes de Stop-Loss**: Vender automáticamente un activo cuando alcanza un precio predeterminado. Esto ayuda a limitar las pérdidas durante recesiones y proporciona una red de seguridad en condiciones adversas.

**Ejemplos Históricos**

- **La Carrera Alcista de Bitcoin en 2017**: Uno de los eventos más significativos en la historia de las criptomonedas, impulsado por la adopción creciente y la atención mediática. Sin embargo, fue seguida por el "invierno cripto" de 2018, un mercado bajista prolongado que causó pérdidas sustanciales para muchos inversores.
- **El Aumento de Ethereum**: La popularidad de los contratos inteligentes impulsó su valor, ofreciendo oportunidades destacadas para los inversores que utilizaron indicadores técnicos para identificar puntos de entrada clave.

Aprender de estos eventos pasados te prepara mejor para los ciclos futuros, asegurando que tomes decisiones informadas en cualquier entorno de mercado.

---

## 3.3 Uso de Datos en Tiempo Real: Herramientas y Plataformas para Mantenerse Informado

En el acelerado mundo de las criptomonedas, los datos en tiempo real son tu brújula. Te guían en cada decisión, asegurando que actúes de manera rápida y precisa. Imagina ser un marinero navegando mares impredecibles; las noticias del mercado actúan como el viento, influyendo en la dirección y velocidad de tu viaje. De manera similar, estar actualizado con las últimas tendencias del mercado puede marcar la diferencia entre ganancias o pérdidas.

**Plataformas Confiables para Mantenerse Informado:**

- **CoinMarketCap**: Fuente confiable para actualizaciones sobre capitalización de mercado y precios. Ofrece una visión general del estado actual del mercado cripto, permitiéndote comparar el rendimiento de varias criptomonedas.
- **TradingView**: Ideal para análisis técnico, con capacidades avanzadas de gráficos y una amplia gama de indicadores técnicos para estudiar tendencias del mercado e identificar oportunidades comerciales.

**Uso de APIs para Datos en Tiempo Real**

- Las APIs (**Interfaces de Programación de Aplicaciones**) permiten acceder a datos directamente de los intercambios en tiempo real.
- Configura alertas para cambios de precios, recibiendo notificaciones cuando una criptomoneda alcanza tu precio objetivo.
- Los bots de comercio automatizan transacciones basadas en criterios preestablecidos, reduciendo la necesidad de monitoreo constante.

## Gestionar el Exceso de Información

Con tanta información disponible, es fácil sentirse abrumado. Configurar paneles personalizados puede ser muy útil para gestionar esto. Estos paneles te permiten enfocarte únicamente en la información más relevante, filtrando el ruido innecesario. Prioriza fuentes de datos confiables y oportunas para tomar decisiones informadas.

Navegar por el mercado de criptomonedas requiere equilibrio entre velocidad y discernimiento. Con las herramientas y estrategias adecuadas, puedes mantenerte a la vanguardia, tomar decisiones informadas y ejecutar operaciones a tiempo que se alineen con tus objetivos.

## 3.4 Gestión del FOMO: Tomando Decisiones sin Presión

Imagina estar en un bullicioso piso de operaciones, con el aire lleno de emoción y tensión. En el mundo de las criptomonedas, la sensación de **FOMO** (Fear of Missing Out o miedo a perderse algo) es poderosa. Es un desencadenante emocional que puede llevar a decisiones impulsivas y, a menudo, irracionales, similares a subirse a un tren en marcha solo porque todos parecen beneficiarse. Este impacto psicológico no debe subestimarse, ya que puede nublar el juicio, llevándote a invertir en un activo en rápido ascenso sin un análisis exhaustivo, impulsado por el miedo de perder posibles ganancias. Este ciclo de exageración y ventas de pánico puede crear un entorno volátil donde las decisiones apresuradas conducen al arrepentimiento.

Para gestionar el FOMO de manera efectiva, es crucial adoptar estrategias que fomenten la disciplina y la racionalidad en la inversión. Una técnica efectiva es establecer metas de inversión claras y apegarte a ellas. Define lo que deseas lograr, ya sea un rendimiento específico de inversión o una composición particular de tu cartera. Esta claridad te ayuda a resistir la tentación de perseguir cada tendencia del mercado. Practicar la atención plena y la regulación emocional también puede ser invaluable. Si permaneces consciente de tu estado emocional y cómo influye en tus decisiones, puedes dar un paso atrás y evaluar si tus acciones se alinean con tus objetivos a largo plazo. Alejarte del comercio por un momento puede ayudarte a recuperar la compostura y la perspectiva. Respirar profundamente, meditar o simplemente tomar un tiempo tranquilo para ti mismo puede ser útil.

Centrarse en una mentalidad de inversión a largo plazo es otro antídoto contra el FOMO. Este enfoque enfatiza los beneficios de la paciencia y la planificación estratégica sobre las ganancias a corto plazo. En la comunidad de criptomonedas, el término **HODLing** (mantener activos durante fluctuaciones del mercado) representa esta filosofía. Alienta a los inversores a soportar las tormentas de la volatilidad del mercado, confiando en el potencial de crecimiento a largo plazo. Diversificar las carteras también es un componente crítico. Al distribuir inversiones en diversos activos, reduces el riesgo asociado con uno solo, proporcionando un amortiguador contra los altibajos del mercado. Esta estrategia no solo minimiza las posibles pérdidas, sino que también te permite aprovechar diferentes oportunidades de crecimiento.

Los escenarios de la vida real destacan los resultados financieros significativos que pueden surgir de decisiones impulsadas por el FOMO. El auge de las ICOs en 2017 sirve como un ejemplo elocuente. Durante este período, la emoción de las ofertas iniciales de monedas llevó a muchos a invertir sin la diligencia debida. La promesa de ganancias rápidas eclipsó la necesidad de un análisis cuidadoso, resultando en pérdidas sustanciales para quienes quedaron atrapados en la ola. De manera similar, los recientes aumentos en las "meme coins" ilustran la volatilidad de los mercados impulsados por el entusiasmo en las redes sociales. Mientras que algunos inversores obtuvieron ganancias momentáneas, otros enfrentaron caídas pronunciadas cuando la burbuja estalló. Estos casos subrayan la importancia de mantener una perspectiva equilibrada y una estrategia bien pensada.

Navegar por el mercado de criptomonedas requiere un enfoque medido. Comprender el impacto psicológico del FOMO y aplicar estrategias para mitigar sus efectos te permitirá tomar decisiones alineadas con tus objetivos financieros y tu tolerancia al riesgo. Las lecciones aprendidas de comportamientos pasados del mercado son guías valiosas que te ayudan a mantenerte centrado y enfocado en medio del ruido del mercado. A medida que sigues explorando el potencial de los activos digitales, recuerda que el éxito a menudo radica en la capacidad de pensar a largo plazo, mantener la disciplina y adaptarse a las condiciones cambiantes. Con estos principios en mente, estarás mejor preparado para tomar decisiones informadas, fomentando un enfoque resiliente para invertir en criptomonedas.

Al concluir este capítulo, recuerda que comprender las dinámicas del mercado y gestionar las emociones son componentes esenciales para operar con éxito. Con estas ideas en mente, estás listo para explorar los próximos pasos en tu aventura con criptomonedas.

# Capítulo 4: Enfoques Estratégicos de Inversión

Imagínate de pie en un bullicioso piso de operaciones, con el aire cargado de anticipación y el constante zumbido de la actividad del mercado a tu alrededor. El mundo del comercio de criptomonedas es similar, con su propio ritmo y dinámica, exigiendo una gran conciencia y pensamiento estratégico. Aquí, una de las decisiones más críticas que enfrentarás es elegir entre estrategias de inversión a largo plazo y a corto plazo. Cada camino ofrece oportunidades y desafíos únicos, moldeando cómo interactúas con el mercado e influyendo en tu potencial de ganancias. A medida que exploramos estas opciones, descubrirás cómo diseñar una estrategia que se alinee con tus objetivos personales y tu tolerancia al riesgo, guiándote hacia resultados exitosos en este dinámico panorama financiero.

Las inversiones a largo y corto plazo tienen propósitos distintos, cada una con sus propios objetivos y resultados potenciales. La inversión a largo plazo, a menudo llamada **HODLing** en la comunidad cripto, se enfoca en acumular riqueza a lo largo del tiempo. Este enfoque implica mantener activos durante varios años, permitiendo que se aprecien a medida que el mercado madura y la tecnología detrás de ellos evoluciona. Es como plantar una semilla y cuidarla pacientemente, confiando en que con el tiempo crecerá hasta convertirse en un árbol robusto. Por otro lado, las inversiones a corto plazo aprovechan la volatilidad del mercado, buscando ganancias rápidas a partir de las fluctuaciones de precios en períodos más breves. Esta estrategia requiere vigilancia constante y la capacidad de adaptarse rápidamente a las condiciones cambiantes. Es como montar las olas de un mar turbulento, donde la habilidad y el tiempo son cruciales para el éxito.

Ambos enfoques tienen sus propios beneficios y riesgos. Las inversiones a largo plazo ofrecen la ventaja de reducir el estrés causado por las fluctuaciones del mercado. Centrarte en los aspectos más importantes de la vida te proporciona tranquilidad durante los períodos de volatilidad del mercado y confianza en el potencial de crecimiento a largo plazo. Esta estrategia se adapta bien a un estilo de inversión pasivo, que enfatiza el análisis fundamental y la comprensión del potencial y la tecnología del proyecto. Sin embargo, las inversiones a largo plazo pueden ser menos líquidas, lo que dificulta el acceso rápido a los fondos. También requieren una diligencia debida exhaustiva para evitar mantener activos que puedan perder valor con el tiempo.

En contraste, las inversiones a corto plazo ofrecen el atractivo de altas ganancias mediante el comercio frecuente, pero conllevan una mayor exposición a la volatilidad del mercado. Este enfoque exige un monitoreo constante del mercado y un sólido conocimiento del análisis técnico, junto con la complejidad adicional de gestionar posibles implicaciones fiscales.

**Elegir la Estrategia Correcta**

Elegir la estrategia adecuada implica alinearla con tus objetivos financieros y tolerancia al riesgo. Comienza evaluando tus metas. ¿Buscas obtener ganancias rápidas o te enfocas en construir un futuro económico sostenible? Considera tu compromiso de tiempo y recursos. El comercio a corto plazo requiere una inversión significativa de tiempo y esfuerzo, mientras que la inversión a largo plazo demanda paciencia y la capacidad de resistir la turbulencia del mercado. Analizar esta perspectiva te ayudará a decidir qué enfoque se adapta mejor a tu estilo de vida y aspiraciones. Además, considera las implicaciones fiscales de cada estrategia, ya que pueden impactar tus rendimientos generales. Una investigación exhaustiva y mantenerse informado son esenciales para tomar decisiones de inversión acertadas y garantizar que tu plan se alinee con tus metas y tolerancia al riesgo.

**Ejemplos del Mundo Real**

- **El crecimiento a largo plazo de Bitcoin**: La trayectoria de crecimiento de Bitcoin a largo plazo es un caso de estudio convincente. A pesar de períodos de volatilidad significativa, quienes han mantenido Bitcoin durante años han visto rendimientos sustanciales, ya que la criptomoneda se ha convertido en una parte integral del ecosistema financiero. Este enfoque a largo plazo requiere paciencia y convicción, cualidades que han recompensado a los inversores constantes.
- **El comercio diario de altcoins**: Las estrategias de trading diario con altcoins destacan el potencial de ganancias a corto plazo. Los traders que capitalizan con éxito los movimientos del mercado utilizan el análisis técnico para tomar decisiones informadas, a menudo obteniendo rendimientos impresionantes. Estas estrategias requieren una comprensión completa de las dinámicas del mercado y disposición para actuar rápidamente, mostrando tanto las recompensas como los riesgos del comercio a corto plazo.

**Sección de Reflexión: Diseñando tu Estrategia**

1. **Define tus Objetivos Financieros**: ¿Te enfocas en el crecimiento a largo plazo o en las ganancias a corto plazo? Escribe tus objetivos y cómo se alinean con tu estilo de vida.
2. **Evalúa tu Tolerancia al Riesgo**: Reflexiona sobre tu nivel de comodidad con la volatilidad del mercado. ¿Prefieres un enfoque más estable o estás dispuesto a asumir riesgos para obtener mayores rendimientos?
3. **Considera tu Compromiso de Tiempo**: ¿Cuánto tiempo puedes dedicar al monitoreo del mercado y la gestión de tus inversiones?

Escribe tus reflexiones y revísalas a medida que continúes refinando tu estrategia de inversión.

## 4.2 Diversificando tu Cartera: Equilibrando Riesgo y Recompensa

Imagínate como un malabarista equilibrando hábilmente varias pelotas en el aire. Esto es similar a gestionar una cartera diversificada de criptomonedas. La diversificación es clave en la gestión de activos, una estrategia que puede estabilizar tus inversiones al reducir el impacto de la volatilidad asociada con activos individuales. Ningún malabarista depende de una sola pelota, y ningún inversor debería apostar todo en una sola criptomoneda. Invertir en varios activos digitales mitiga los riesgos y fortalece la resiliencia de tu cartera. Este enfoque amortigua tu cartera contra las fluctuaciones salvajes que caracterizan el mercado cripto, ayudándote a sobrellevar las caídas más efectivamente.

En criptomonedas, diversificar significa más que simplemente tener múltiples monedas. Implica asignar fondos a un espectro amplio de activos digitales, como Bitcoin y Ethereum, junto con altcoins prometedoras que ofrecen tecnologías únicas o potencial de mercado. Esta estrategia asegura que no estés excesivamente expuesto a la suerte de una sola moneda. Incluir stablecoins en tu cartera es otro método efectivo de diversificación. Estas monedas digitales, vinculadas a activos estables como el dólar estadounidense, reducen la exposición a las oscilaciones del mercado. Actúan como un amortiguador, proporcionando estabilidad en tiempos turbulentos y un medio confiable para preservar valor cuando el mercado se vuelve impredecible.

**Diversificación Más Allá de las Criptomonedas**

Explorar la diversificación de activos cruzados puede equilibrar aún más tu cartera. Este enfoque implica incorporar clases de activos tradicionales, como acciones y bonos, que pueden contrarrestar la volatilidad inherente de las monedas digitales. Al combinar la previsibilidad de las inversiones convencionales con la innovación de las criptomonedas, creas una estrategia financiera más equilibrada. También vale la pena considerar bienes raíces y materias primas. Estas clases de activos a menudo se mueven de forma independiente de los mercados cripto, proporcionando seguridad adicional y vías potenciales de crecimiento. Esta visión holística de la inversión reconoce que, aunque las criptomonedas ofrecen oportunidades emocionantes, los activos tradicionales siguen siendo cruciales para la estabilidad a largo plazo.

## Construcción de una Cartera Diversificada

Construir una cartera diversificada requiere una planificación cuidadosa y una ejecución estratégica. Comienza determinando un modelo de asignación adecuado que se ajuste a tus ideas de inversión y tolerancia al riesgo. Por ejemplo, podrías asignar el 50% de tu cartera a criptomonedas de gran capitalización, el 30% a altcoins emergentes y el 20% a stablecoins. Esta estrategia de inversión proporciona estabilidad para el crecimiento mientras mantiene una red de seguridad.

Es fundamental ajustar periódicamente tu cartera para mantener la diversificación. A medida que las condiciones del mercado cambian, también lo hacen los valores de tus inversiones. Revisa periódicamente tus activos para asegurarte de que aún reflejan tu asignación planificada. Realiza ajustes según sea necesario para mantener tu cartera alineada con tus objetivos, vendiendo activos que hayan crecido desproporcionadamente e invirtiendo en aquellos que se hayan quedado rezagados.

**Lista de Verificación: Construyendo una Cartera Diversificada de Criptomonedas**

- **Evalúa tu Tolerancia al Riesgo**: Determina cuánto riesgo estás dispuesto a asumir.
- **Asigna Entre Criptomonedas**: Mezcla monedas de gran capitalización con altcoins prometedoras.

- **Incluye Stablecoins**: Úsalas como cobertura contra la volatilidad.
- **Explora la Diversificación Cruzada de Activos**: Considera activos tradicionales como acciones y bonos.
- **Rebalancea Regularmente**: Ajusta tu cartera para mantener tu asignación planificada.

Al diversificar tus inversiones de manera cuidadosa, puedes navegar con confianza los altibajos del mercado cripto, asegurando que tus metas financieras estén siempre al alcance. Esta estrategia no solo protege tus activos, sino que también te posiciona para capitalizar las diversas oportunidades dentro del panorama financiero.

---

**Evaluación de Altcoins: Identificando Oportunidades Prometedoras**

En el vibrante y siempre cambiante mundo de las criptomonedas, los altcoins presentan una amplia gama de oportunidades, cada una con sus propios riesgos y recompensas. Al explorar este mercado diverso, comprender los criterios para evaluar altcoins es crucial.

Uno de los factores principales a considerar es la **capitalización de mercado** y el **volumen de comercio**. Estas métricas ofrecen una visión del tamaño, la liquidez y la popularidad de una moneda. Una capitalización de mercado alta indica una moneda bien establecida, a menudo con una posición estable en el mercado, mientras que un volumen de comercio robusto sugiere interés activo y facilidad para comerciar. Ambos son indicadores de la estabilidad y el potencial de crecimiento de una criptomoneda, y deben considerarse junto con otros factores para obtener una visión completa.

La **tecnología** y las **propuestas de valor únicas** también son críticas al evaluar altcoins. La tecnología que respalda un altcoin puede influir significativamente en su viabilidad y adopción a largo plazo. Busca altcoins que ofrezcan soluciones innovadoras o mejoras sobre las tecnologías blockchain existentes. Las propuestas de valor únicas diferencian a un altcoin, ofreciendo aplicaciones en el mundo real o resolviendo problemas específicos de la industria, como características de seguridad mejoradas o mayores velocidades de transacción. Los altcoins respaldados por fundamentos tecnológicos sólidos y propuestas de valor atractivas tienen más probabilidades de ganar tracción en un mercado competitivo.

Más allá de las métricas superficiales, profundiza en los fundamentos del proyecto para evaluar el potencial de un altcoin. Esto incluye examinar la experiencia del equipo para ejecutar la visión del proyecto. Un equipo con antecedentes sólidos en tecnología y finanzas, y un historial de proyectos exitosos, puede inspirar confianza en las perspectivas de un altcoin. Además, es esencial analizar la hoja de ruta del proyecto y los hitos de desarrollo. Una hoja de ruta clara y alcanzable indica un plan bien pensado para el crecimiento, mientras que las actualizaciones regulares y los logros de hitos demuestran compromiso y transparencia.

### Análisis Técnico y Fundamental

Realizar análisis técnicos y fundamentales es vital para evaluar el desempeño de un altcoin. Comienza examinando el whitepaper del proyecto, un documento completo que detalla el propósito, la tecnología y la visión del altcoin. Un whitepaper bien escrito puede ofrecer valiosos conocimientos sobre los objetivos y la viabilidad del proyecto. La participación de la comunidad es otro aspecto clave a considerar, ya que puede proporcionar retroalimentación útil a los desarrolladores y reflejar el nivel de apoyo al proyecto.

En el aspecto técnico, los indicadores de mercado de altcoins pueden ser utilizados para evaluar tendencias y movimientos de precios. Estos indicadores te informan sobre puntos de entrada y salida, mejorando tu estrategia de trading.

**Casos de Estudio de Altcoins Exitosos**

- **Ethereum**: Su ascenso a la prominencia ejemplifica el poder de la innovación. Con el concepto revolucionario de contratos inteligentes, Ethereum se ha convertido en un pilar de la industria blockchain, permitiendo el desarrollo de aplicaciones descentralizadas (**dApps**). Su crecimiento destaca la importancia del avance tecnológico y un ecosistema robusto de desarrolladores.
- **Chainlink**: Este proyecto innovador introdujo los oráculos descentralizados, resolviendo un problema crucial en la tecnología blockchain: conectar de manera segura los contratos inteligentes con datos del mundo real. Esta innovación ha posicionado a Chainlink en la cima del mercado de altcoins, demostrando cómo abordar necesidades específicas de la industria puede llevar al éxito.

Al explorar el mundo de los altcoins, recuerda mantenerte diligente y analítico. Evaluar cada oportunidad de manera exhaustiva te ayudará a navegar las complejidades del mercado, identificar inversiones prometedoras y gestionar riesgos de manera efectiva. Este enfoque no solo mejora tu estrategia de inversión, sino que también fomenta decisiones informadas en esta increíble plataforma de criptomonedas alternativas.

## 4.4 ICOs y Ventas de Tokens: Participar de Manera Inteligente

Las **Ofertas Iniciales de Monedas (ICOs)** y las ventas de tokens han surgido como métodos fundamentales de recaudación de fondos en el desarrollo continuo del mundo de las criptomonedas. Estos mecanismos permiten a nuevos proyectos de criptomonedas obtener capital mediante la emisión de tokens digitales a los inversores, a cambio de criptomonedas de alto rango como **Bitcoin** o **Ethereum**. A diferencia de la recaudación de fondos tradicional, que a menudo implica capital de riesgo o ofertas públicas iniciales (IPOs), las ICO democratizan las oportunidades de inversión, abriendo la puerta a una amplia gama de inversores. Las ofertas de tokens varían, incluyendo tokens de utilidad que proporcionan acceso a servicios de una plataforma, tokens de seguridad que representan participaciones de propiedad y stablecoins vinculadas a activos tradicionales para minimizar la volatilidad. Cada tipo cumple un propósito distinto dentro del ecosistema, ofreciendo beneficios y desafíos únicos.

Participar en ICOs ofrece el atractivo de altos retornos potenciales, especialmente al invertir en las primeras etapas. Los inversores que identifican proyectos prometedores antes de que ganen tracción general pueden cosechar recompensas significativas a medida que los valores de los tokens se aprecian. Sin embargo, este potencial de ganancias viene acompañado de riesgos considerables. La naturaleza descentralizada de las ICOs las convierte en un terreno fértil para estafas y esquemas fraudulentos, como se ha visto en numerosos casos destacados. Una cantidad alarmante de ICOs no cumple con sus compromisos, lo que genera pérdidas financieras para los inversores impacientes. Esta volatilidad subraya la importancia de una diligencia debida rigurosa y un optimismo cauteloso al considerar la participación en ventas de tokens.

Un enfoque estructurado para evaluar las ICOs es crucial para navegar este terreno de manera segura. Comienza analizando el **whitepaper**, un documento que detalla los objetivos, la tecnología y la propuesta de valor del proyecto. Un whitepaper exhaustivo proporciona información sobre el potencial y la viabilidad del proyecto, sirviendo como base para tu decisión de inversión. A continuación, verifica las credenciales del equipo detrás de la ICO. Un equipo cualificado con antecedentes exitosos puede inspirar confianza en la ejecución del proyecto. Evaluar las asociaciones y colaboraciones también es esencial, ya que las afiliaciones reputadas pueden mejorar la credibilidad del proyecto y su acceso a recursos. Al examinar estos elementos, puedes evaluar la legitimidad y viabilidad de una ICO, reduciendo la probabilidad de ser víctima de estafas.

El panorama de las criptomonedas está lleno de relatos de advertencia y casos de éxito financiero, lo que exige una evaluación cuidadosa. La ICO de Binance Coin es un ejemplo del potencial éxito. Lanzada por el intercambio

Binance, se convirtió rápidamente en una de las ICOs más exitosas, con su token apreciándose significativamente a medida que la plataforma ganaba prominencia. Este éxito se atribuyó a una estrategia bien ejecutada, un equipo sólido y una visión clara. Por otro lado, la historia de BitConnect sirve como una advertencia contundente. Prometiendo altos retornos con poca transparencia, BitConnect colapsó en medio de acusaciones de ser un esquema Ponzi, lo que resultó en pérdidas sustanciales para los inversores. Estos ejemplos resaltan los caminos divergentes que pueden tomar las ICOs, reforzando la necesidad de discernimiento y vigilancia.

Al considerar participar en ICOs y ventas de tokens, recuerda que la investigación exhaustiva y la diligencia debida son tus mejores aliadas. La atracción de altos retornos puede ser tentadora, pero los riesgos son igualmente significativos. Al evaluar cuidadosamente cada oportunidad, puedes navegar con confianza las complejidades de las oportunidades actuales en criptomonedas, tomando decisiones que se ajusten a tus objetivos y tolerancia al riesgo. Este enfoque no solo mejora tus posibilidades de éxito, sino que también te empodera para contribuir de manera reflexiva al crecimiento e innovación del ecosistema de monedas digitales.

Con estos conocimientos, estás mejor preparado para explorar el próximo capítulo, que aborda las medidas de seguridad y privacidad, asegurando que tus inversiones permanezcan protegidas en este dinámico entorno.

# Capítulo 5: Seguridad y Privacidad

Imagina tus inversiones en criptomonedas como un cofre de tesoros digitales. Este cofre no está protegido por muros de acero, sino por un intrincado sistema de claves criptográficas, que constituyen tu primera línea de defensa para asegurar tus activos digitales. Comprender cómo funcionan estas claves es crucial para proteger tus inversiones. Las claves criptográficas constan de dos partes: claves públicas y claves privadas. Las claves públicas, similares a un número de cuenta bancaria, permiten que otros envíen fondos a tu billetera, pero no pueden retirar fondos por sí mismas. Estas se comparten abiertamente y se utilizan para la encriptación y verificación. Por otro lado, las claves privadas son los códigos secretos que autorizan las transacciones. Son como tu PIN de cajero automático, te otorgan acceso a tus activos y te permiten demostrar propiedad y aprobar transacciones en la cadena de bloques.

La creación y el almacenamiento de claves privadas son de suma importancia. Una clave privada suele ser un número de 256 bits, esencial para asegurar transacciones y demostrar la propiedad de activos digitales. Perder esta clave equivale a perder el acceso a tus fondos de forma permanente, ya que no puede recuperarse ni restablecerse como una contraseña olvidada. Por lo tanto, el almacenamiento seguro es fundamental. Puedes almacenar claves privadas de varias maneras, cada una con su nivel de seguridad. Las opciones incluyen billeteras de papel, que implican imprimir y almacenar físicamente tus claves o usar códigos QR para facilitar su escaneo. Las billeteras de hardware almacenan las claves fuera de línea y ofrecen una seguridad sólida al mantenerlas alejadas de amenazas en línea. Las billeteras custodiadas, gestionadas por terceros, pueden aliviar parte de la carga de la gestión de claves, pero requieren confianza en las medidas de seguridad del custodio. Las billeteras no custodiadas, donde conservas el control total, exigen un manejo cuidadoso de tus claves.

Las consecuencias de perder o exponer claves privadas son graves. Si una clave privada cae en manos equivocadas, tus activos pueden ser fácilmente robados, con pocas posibilidades de recuperación. Los hackers constantemente buscan explotar vulnerabilidades, lo que hace vital proteger tus claves contra accesos no autorizados. Entre las estrategias para almacenar claves privadas de manera segura se encuentran el uso de billeteras frías, que almacenan las claves fuera de línea y proporcionan una capa adicional de seguridad. Las billeteras frías son menos accesibles pero ofrecen mayor protección contra amenazas en línea. Aunque más convenientes para quienes prefieren el acceso en línea, las billeteras calientes requieren precauciones adicionales, como contraseñas sólidas y autenticación de dos factores. Al elegir tu método de almacenamiento, es crucial sopesar las compensaciones entre conveniencia y seguridad.

Las diferentes formas de gestión de claves ofrecen diversos niveles de control y seguridad. Las billeteras de hardware, como Ledger y Trezor, son opciones populares para soluciones de almacenamiento seguro de claves. Estos dispositivos almacenan claves privadas fuera de línea, protegiéndolas contra malware e intentos de piratería. Sus sólidas características de seguridad las convierten en ideales para el almacenamiento a largo plazo de grandes cantidades de criptomonedas. Otro aspecto vital de la gestión de claves es el uso de frases semilla, que sirven como claves de recuperación al configurar tu billetera. Estas te permiten recuperar tu billetera en caso de pérdida o daño. Mantener segura tu frase semilla es tan importante como tus claves privadas. Guárdala en múltiples lugares seguros, asegurándote de que solo tú tengas acceso. Evita almacenarla de forma digital, donde los hackers podrían comprometerla.

Al generar claves criptográficas, es esencial asegurarse de que sean sólidas y seguras. Utiliza herramientas seguras de generación de claves que creen claves complejas y resistentes a intentos de piratería. Evita patrones predecibles o contraseñas fáciles de adivinar, ya que podrían ser fácilmente explotados. La aleatoriedad es clave para crear claves criptográficas seguras, lo que aumenta su complejidad. Actualiza regularmente tus claves y contraseñas para adelantarte a posibles amenazas. Al seguir estos pasos, puedes proteger tus activos digitales y asegurar tus inversiones en criptomonedas.

**Lista de Verificación: Asegurando tus Claves Criptográficas**

- **Usa billeteras de hardware:** Almacena claves privadas fuera de línea para máxima seguridad.
- **Protege tu frase semilla:** Guárdala en múltiples ubicaciones seguras.
- **Genera claves seguras:** Usa herramientas confiables y evita patrones predecibles.
- **Considera el almacenamiento en frío:** Úsalo para cantidades significativas de criptomonedas.

- **Actualiza regularmente las medidas de seguridad:** Mantente informado sobre las mejores prácticas y amenazas.

## 5.2 Protegiéndote contra estafas: Reconociendo señales de advertencia

En el mundo digital de las criptomonedas, las estafas acechan como sombras, esperando explotar a los desprevenidos. Entre las más comunes se encuentran las tácticas de **phishing**, donde los estafadores elaboran trampas ingeniosas para capturar las credenciales de tu billetera. Estas estafas suelen llegar disfrazadas de correos electrónicos o mensajes de fuentes legítimas, instándote a hacer clic en un enlace o proporcionar información sensible. Si lo haces, tus claves privadas y activos pueden verse comprometidos.

También está el atractivo de los esquemas Ponzi y piramidales, que prometen rendimientos de inversión poco realistas. Estas estafas dependen de nuevos inversores para pagar a los anteriores, creando una fachada de rentabilidad hasta el inevitable colapso. Reconocer estas tácticas es crucial para proteger tus inversiones.

Detectar y evitar estafas requiere vigilancia y atención al detalle. Analizar la credibilidad de las oportunidades de inversión es el primer paso. Desconfía de ofertas que parecen demasiado buenas para ser verdad o que prometen rendimientos garantizados, ya que suelen ser señales de intenciones fraudulentas. Verifica la autenticidad de los canales de comunicación revisando la dirección de correo del remitente y examinando las URLs de los sitios web en busca de discrepancias. Las empresas legítimas usarán dominios oficiales y evitarán tácticas de ventas agresivas.

Siempre contrasta la información con fuentes confiables para asegurarte de interactuar con entidades genuinas. Puedes prevenir muchas estafas comunes manteniendo una actitud escéptica e investigando a fondo.

La vigilancia comunitaria juega un papel fundamental en la prevención de estafas. Participar en foros y discusiones comunitarias te ayuda a estar informado y protegido contra fraudes. Estas plataformas ofrecen un espacio para compartir experiencias similares con otros. Manteniéndote informado sobre las estafas y tácticas emergentes, puedes protegerte a ti mismo y a otros con mayor eficacia. Exponer actividades ilegales ante las autoridades, como organismos de supervisión financiera o agencias de protección al consumidor, contribuye a desmantelar operaciones fraudulentas. Tu vigilancia contribuye a un entorno más seguro, fomentando una comunidad de inversores informados y cautelosos.

Los estudios de casos reales ofrecen lecciones impactantes sobre el impacto de las estafas. El infame hackeo del intercambio **Mt. Gox** es un claro recordatorio de las vulnerabilidades dentro del ecosistema de las criptomonedas. Cuando el mayor intercambio de Bitcoin, Mt. Gox, fue comprometido en 2014, perdió aproximadamente 850,000 Bitcoins. Este ataque sacudió la industria, destacando la importancia de las medidas de seguridad sólidas y la debida diligencia.

En otro ejemplo, la estafa **OneCoin** cautivó a los inversores con promesas de una criptomoneda revolucionaria. Sin embargo, más tarde se reveló como un esquema Ponzi, estafando a miles de millones de víctimas desprevenidas. Estos casos subrayan la necesidad de precaución y pensamiento crítico al navegar en el mundo de las criptomonedas.

**Reflexión sobre el Caso de Estudio: La Estafa de OneCoin**
**Resumen:** OneCoin se promocionó como una criptomoneda líder, prometiendo a los inversores altos rendimientos y tecnología revolucionaria. Sin embargo, se reveló que era un esquema Ponzi, careciendo de una cadena de bloques o funcionalidad genuina.
**Impacto:** Las pérdidas estimadas superaron los $4 mil millones, afectando a miles de inversores en todo el mundo.
**Lecciones Aprendidas:** Siempre verifica la existencia de una cadena de bloques; evalúa la transparencia del proyecto y las credenciales de sus líderes. Evita inversiones que carezcan de información clara y verificable. Estas historias nos recuerdan que, si bien el panorama de las criptomonedas ofrece inmensas oportunidades, también presenta riesgos que requieren una navegación cuidadosa. Al armarte con conocimiento y mantenerte conectado a fuentes confiables, puedes proteger tus activos digitales de quienes buscan explotar a los desinformados.

**5.3 Gestión Segura de Billeteras: Mejores Prácticas para la                                          Seguridad**
Proteger tus activos digitales es primordial; por ello, la gestión de billeteras es la base de la seguridad. Las actualizaciones regulares de software no son solo una recomendación, son una necesidad. Los desarrolladores trabajan continuamente para corregir vulnerabilidades y mejorar las funciones de seguridad, lo que hace imprescindible mantener el software de tu billetera actualizado. Es como el mantenimiento rutinario de tu

automóvil: descuidarlo puede ocasionar problemas inesperados. Además de estas actualizaciones, considera usar billeteras con múltiples firmas. Estas requieren varias aprobaciones para una seguridad adicional antes de procesar cualquier transacción. Es como necesitar más de una llave para abrir una bóveda, asegurando que ningún punto único de falla comprometa tus activos.

Una sólida estrategia de respaldo y recuperación es vital para prevenir la pérdida de acceso a tus fondos digitales. Crear copias de seguridad seguras de los datos de tu billetera es una práctica fundamental. Guarda estas copias de seguridad en múltiples ubicaciones, tanto físicas como digitales, para protegerte contra eventos imprevistos como fallos de hardware o corrupción de datos. Implementar la recuperación mediante frase semilla es otro componente crítico; actúa como una llave maestra que te permite recuperar tu billetera si pierdes acceso a tu dispositivo principal. Mantén esta frase fuera de línea, escrita y almacenada de manera segura en varios lugares. Piensa en ella como un mapa del tesoro: invaluable, pero peligrosa si cae en manos equivocadas.

Las billeteras de hardware ofrecen una solución de seguridad robusta para quienes buscan almacenamiento a largo plazo. Dispositivos como Ledger y Trezor proporcionan un medio eficaz para mantener tus activos seguros. Almacenan tus claves fuera de línea, lejos de las vulnerabilidades de internet. Configurar una billetera de hardware requiere inicializar el dispositivo para generar una frase semilla y transferir tus activos. El proceso es sencillo, pero demanda atención cuidadosa. Una vez configurada, usas la billetera para confirmar transacciones físicamente, añadiendo otra capa de seguridad. Es como tener una caja fuerte para tu oro digital, accesible solo con tu autorización directa.

Gestionar quién tiene acceso a la información de tu billetera es otro aspecto crucial de la seguridad. Limita el acceso solo a personas de absoluta confianza, ya que cada persona adicional aumenta el riesgo de acciones no autorizadas. Supervisa de cerca las aprobaciones de transacciones, asegurándote de que cada transferencia saliente sea intencional y verificada. Este control actúa como una última barrera contra posibles brechas de seguridad. Al mantener un control estricto sobre los derechos de acceso, puedes proteger mejor tus activos digitales contra el uso no autorizado o el robo.

**Ejercicio: Evalúa la Seguridad de tu Billetera**

- **Actualiza el software:** Verifica que el software de tu billetera esté en la versión más reciente.
- **Respalda los datos:** Asegúrate de que las copias de seguridad estén almacenadas de forma segura en múltiples ubicaciones.
- **Revisa los derechos de acceso:** Haz una lista de quién tiene acceso y evalúa si es necesario realizar cambios.
- **Prueba la recuperación:** Confirma que puedes recuperar tu billetera usando la frase semilla.

Estas prácticas fundamentales aseguran tus activos e infunden confianza en la gestión y protección de tu patrimonio digital. Con estas medidas implementadas, estás bien preparado para navegar por las complejidades del mundo de las criptomonedas, asegurando que tus inversiones permanezcan seguras y accesibles.

## 5.4 Monedas de Privacidad: Asegurando Transacciones Anónimas

En las monedas digitales, las monedas de privacidad destacan por su compromiso con el anonimato. A diferencia de las criptomonedas tradicionales como Bitcoin, que son seudónimas y permiten rastrear transacciones a través de libros contables públicos, las monedas de privacidad ocultan los detalles de las transacciones, ofreciendo una capa de confidencialidad. Esta diferencia es crucial para individuos y empresas que buscan proteger información financiera sensible de ojos indiscretos. Las monedas de privacidad están diseñadas para ocultar las identidades del remitente y el receptor, así como los montos de las transacciones, lo que las hace ideales en escenarios donde la discreción es fundamental. Por ejemplo, son beneficiosas para proteger la privacidad personal, realizar transacciones comerciales confidenciales u operar en entornos donde la libertad financiera está restringida.

Gracias a sus tecnologías avanzadas, Monero y Zcash han ocupado lugares destacados entre las principales monedas de privacidad. Monero utiliza la criptografía para garantizar el anonimato de las transacciones. Las firmas de anillo mezclan la transacción de un usuario con otras, creando un velo de negación plausible, mientras que las direcciones furtivas generan direcciones únicas para cada transacción, enmascarando aún más la identidad del receptor. Estas características hacen que Monero sea altamente efectivo para mantener la privacidad. Por otro lado, Zcash utiliza **zk-SNARKs**, una forma de prueba de conocimiento cero, que permite verificar las transacciones sin revelar los datos subyacentes. Esta tecnología permite a Zcash ofrecer transacciones protegidas, dando a los usuarios la opción de privacidad o transparencia.

El uso de monedas de privacidad conlleva consideraciones éticas y legales. Si bien ofrecen beneficios legítimos, como la protección de datos personales y la confidencialidad de las transacciones, también enfrentan un escrutinio regulatorio. Los gobiernos de todo el mundo expresan preocupaciones sobre su posible uso indebido para actividades ilícitas, como el lavado de dinero o la evasión fiscal. En consecuencia, las monedas de privacidad están sujetas a diversos estatus legales según las jurisdicciones. Algunos países pueden imponer restricciones o prohibiciones totales, mientras que otros permiten su uso con regulaciones específicas. Los usuarios deben comprender el panorama legal y sus responsabilidades al usar monedas de privacidad. Éticamente, estas monedas deben usarse para propósitos legítimos que respeten los derechos de privacidad y cumplan con las leyes aplicables.

Para usar monedas de privacidad de manera efectiva, enfócate en mantener la seguridad y el cumplimiento normativo. Comienza por familiarizarte con las plataformas y herramientas que admiten el comercio de monedas de privacidad. Asegúrate de que tus transacciones se realicen a través de intercambios reputados que cumplan con los estándares legales. Considera dividir montos significativos en transacciones más pequeñas para minimizar la trazabilidad. Siempre verifica las características de seguridad de tus billeteras, asegurándote de que admitan los aspectos de anonimato de las monedas de privacidad. Además, mantente informado sobre el entorno regulatorio y las tecnologías emergentes que puedan afectar el uso de estas monedas. Al equilibrar privacidad y cumplimiento, puedes aprovechar los beneficios de las monedas de privacidad mientras minimizas los riesgos.

Las monedas de privacidad ofrecen un enfoque único para las transacciones digitales, combinando técnicas criptográficas avanzadas con un enfoque en la confidencialidad. Su papel en el ecosistema de las criptomonedas subraya la tensión continua entre privacidad y regulación. Este capítulo ha explorado cómo funcionan las monedas de privacidad, sus desafíos éticos y legales, y las mejores prácticas para su uso. A medida que avanzamos, examinaremos las implicaciones más amplias de las criptomonedas, explorando cómo se intersectan con los marcos legales y qué significa esto para los inversores y usuarios. Comprender estas dinámicas te preparará para las complejidades de navegar en este panorama financiero en constante evolución.

# Capítulo 6: Implicaciones Fiscales y Consideraciones Legales

Imagina esto: la emoción de tu primera ganancia en criptomonedas, los números subiendo mientras observas crecer tu inversión. Sin embargo, en medio de la euforia, surge una inquietante pregunta: ¿cómo encaja esta nueva riqueza dentro del marco de las regulaciones fiscales? Manejar tus activos digitales en relación con los impuestos puede resultar incómodo, pero comprender estas reglas es esencial para cualquier inversor responsable. A medida que las criptomonedas se integran en nuestra cultura financiera, conocer cómo declarar y gestionar estos activos dentro de los límites de la ley no puede ser subestimado.

Las criptomonedas se consideran instrumentos financieros a efectos fiscales, no moneda, según lo establece el IRS. Esta clasificación implica que las ganancias o pérdidas están sujetas a las leyes del impuesto sobre las ganancias de capital. Debes declarar cuando obtienes ganancias o sufres pérdidas al vender y comprar criptomonedas. Si vendes una criptomoneda y obtienes más que el precio de compra, la diferencia se considera una ganancia de capital; vender por menos constituye una pérdida. El IRS espera que declares estas transacciones en tu declaración de impuestos, tal como lo harías con acciones o bienes raíces. Esta distinción entre propiedad y moneda es crucial, ya que establece las bases para calcular y declarar ganancias y pérdidas.

Las implicaciones fiscales de diferentes transacciones con criptomonedas pueden variar significativamente. Por ejemplo, la compra y venta de criptomonedas es un proceso directo, pero cada transacción tiene consecuencias fiscales. Cuando compras criptomonedas, estableces una base de costo, que es el valor original del activo a efectos fiscales. Cuando lo vendes, la ganancia o pérdida es la diferencia entre el precio de venta y la base de costo. Más allá de las transacciones simples, actividades como la minería y el staking también tienen implicaciones fiscales. Los ingresos por minería se consideran generalmente ingresos ordinarios, sujetos a tu tasa de impuesto sobre la renta regular, mientras que las recompensas por staking también pueden ser gravables, dependiendo de la jurisdicción y las circunstancias específicas. Ambas actividades requieren un registro cuidadoso para garantizar una declaración precisa.

Las reglas fiscales y exenciones clave desempeñan un papel fundamental en la gestión de tus inversiones en criptomonedas. El impuesto sobre las ganancias de capital puede variar según el tiempo que se mantenga un activo. Los activos mantenidos por menos de un año se gravan a tasas de ingreso ordinario y se consideran a corto plazo. Las ganancias a largo plazo, para activos mantenidos por más tiempo, se benefician de tasas impositivas reducidas. Esta distinción fomenta que los inversores consideren períodos de tenencia más largos para minimizar las cargas fiscales. Además, si posees criptomonedas en cuentas extranjeras, es posible que debas cumplir con los requisitos de declaración para activos en el extranjero. Aunque los detalles pueden ser complejos, comprender estas reglas te ayuda a alinear tus estrategias de inversión con tus obligaciones fiscales.

La declaración fiscal puntual y precisa es crítica para evitar sanciones. El IRS establece plazos específicos para presentar tu declaración de impuestos anual, generalmente antes del 15 de abril de cada año. No declarar transacciones con criptomonedas o declarar menos de lo debido puede dar lugar a multas y cargos por intereses, lo que complica aún más las obligaciones fiscales. Para garantizar el cumplimiento, mantén registros detallados de todas las transacciones, incluidas fechas, montos y valores de mercado justos. Esta documentación meticulosa simplifica la presentación de impuestos y te protege en caso de una auditoría. Manteniéndote organizado e informado, puedes navegar con confianza el panorama fiscal, asegurándote de que tus ganancias en criptomonedas contribuyan positivamente a tu viaje financiero.

**Sección de Reflexión: Evaluando tu Preparación Fiscal para las Criptomonedas**

- **Registro de Transacciones:** ¿Tienes un sistema para rastrear todas tus transacciones en criptomonedas? Considera usar hojas de cálculo o software fiscal especializado en criptomonedas para organizar tus datos.
- **Comprensión de Implicaciones Fiscales:** ¿Eres consciente de cómo cada tipo de transacción afecta tus impuestos? Consulta a tu profesional de impuestos y revisa las directrices del IRS.
- **Puntualidad en la Presentación:** ¿Has marcado la fecha límite de presentación de impuestos en tu calendario? Asegúrate de tener tiempo suficiente para recopilar tus registros y presentar tu declaración antes del plazo.

**6.2 Declaración de Ganancias en Criptomonedas: Guía Paso a Paso**

Imagina que acabas de completar un año exitoso de operaciones con criptomonedas. Tu portafolio ha crecido, y es momento de enfrentar la tarea de declarar tus ganancias. Este proceso comienza con identificar los eventos gravables, que son acciones específicas que desencadenan obligaciones fiscales. Cada vez que vendes, intercambias o incluso regalas criptomonedas, creas un evento gravable. Estas transacciones necesitan atención cuidadosa, ya que determinan las ganancias o pérdidas que debes declarar.

Calcular estas ganancias y pérdidas implica conocer tu **base de costo**, que es el valor inicial de tu activo cuando lo adquiriste. Ya sea comprado, minado o recibido como pago, esta base de costo es esencial para determinar tu resultado financiero. Cuando vendes, la diferencia entre el precio de venta y la base de costo refleja tu ganancia o pérdida, impactando directamente tu obligación tributaria.

La declaración precisa depende de una documentación exhaustiva. Mantener registros detallados de cada transacción no es solo una buena práctica, es una necesidad. Los registros de transacciones y los estados de cuenta de los intercambios son tus herramientas principales para rastrear tus actividades. Proporcionan un historial cronológico de tus operaciones, compras y ventas. Los recibos de compras y ventas de criptomonedas respaldan aún más tus esfuerzos de documentación, ofreciendo pruebas del costo y la naturaleza de cada transacción. Este registro meticuloso no solo ayuda a calcular tus impuestos, sino que también te protege en caso de una auditoría. Piensa en esto como construir un mapa financiero que traza el curso de tus actividades con criptomonedas, asegurando que cada paso esté documentado y sea verificable.

Navegar por las complejidades de la declaración fiscal de criptomonedas puede ser abrumador, pero no tienes que hacerlo solo. Existen diversas opciones de software fiscal para simplificar el proceso. Plataformas como **TurboTax Premium** y **Koinly** ofrecen interfaces fáciles de usar para rastrear y declarar tus ganancias en criptomonedas. Automatizan gran parte del trabajo, integrándose con tus cuentas de intercambio para extraer datos de transacciones y calcular ganancias y pérdidas. Para quienes tienen portafolios más complejos o prefieren asistencia personalizada, contratar a un profesional de impuestos con experiencia en criptomonedas puede ser invaluable. Estos expertos ofrecen asesoramiento personalizado y garantizan el cumplimiento con las leyes fiscales en constante cambio. Aplicando estos recursos, puedes mejorar tu proceso de declaración y enfocarte más en gestionar tus inversiones.

A pesar de los recursos disponibles, los desafíos en la declaración fiscal de criptomonedas siguen siendo comunes. Uno de los problemas más frecuentes es manejar transacciones en múltiples intercambios. Cada plataforma puede usar formatos y estándares diferentes, lo que complica la tarea de consolidar datos. Para gestionar esto, considera usar software que agregue transacciones de varias fuentes, proporcionando una vista unificada de tus actividades.

**Airdrops** y **forks** presentan otro desafío. Estos eventos pueden resultar en la recepción de nuevos tokens, los cuales pueden ser gravables como ingresos en el momento de su recepción. Determinar su valor de mercado justo requiere una evaluación cuidadosa, a menudo utilizando tasas de intercambio o datos del mercado del momento de la distribución.

Al abordar estos desafíos directamente, puedes simplificar el proceso de declaración y asegurarte de cumplir con tus obligaciones fiscales con un mínimo de estrés.

## 6.3 Navegando Paisajes Regulatorios: Esenciales para el Cumplimiento

Navegar el entorno regulatorio global de las criptomonedas es como trazar un curso a través de un mar de marcos legales variables. En todo el mundo, los países abordan la regulación de las criptomonedas de maneras diversas, reflejando diferentes prioridades y niveles de adopción tecnológica. En los Estados Unidos, la SEC y la CFTC desempeñan roles significativos en la configuración del panorama regulatorio. La **SEC** protege a los inversores y mantiene mercados justos, a menudo examinando las Ofertas Iniciales de Monedas (ICOs) bajo las leyes de valores. Mientras tanto, la **CFTC** supervisa los mercados de futuros y productos básicos, que incluyen ciertos derivados de criptomonedas. Esta supervisión dual crea un entorno complejo en el que entender los matices de cada organismo regulador es crucial para el cumplimiento.

En Europa, el panorama regulatorio varía ampliamente. La Unión Europea ha avanzado hacia la creación de un marco regulatorio cohesivo a través de iniciativas como el **Reglamento de Mercados de Criptoactivos (MiCA)**, que busca estandarizar las reglas entre los estados miembros. Sin embargo, los países individuales aún conservan la capacidad de imponer regulaciones propias. En Asia, se observa otro espectro de enfoques regulatorios. Países como Japón han adoptado las criptomonedas con medidas regulatorias integrales, mientras que otros, como China, han adoptado posturas más restrictivas, limitando o prohibiendo ciertas actividades relacionadas con criptomonedas. Diferenciar entre estas posturas es vital para los inversores, ya que las condiciones regulatorias pueden afectar significativamente la viabilidad y legalidad de las inversiones en criptomonedas en cada región.

Mantenerse informado sobre los cambios regulatorios no es solo una buena práctica, es una necesidad para cualquiera involucrado en criptomonedas. Las regulaciones evolucionan rápidamente, influenciadas por los avances tecnológicos, las dinámicas del mercado y las consideraciones políticas. Monitorear actualizaciones de agencias regulatorias asegura que sigas cumpliendo con las normas y puedas anticipar cómo las nuevas leyes podrían afectar tus inversiones. Suscribirte a actualizaciones de canales oficiales, como la SEC o cuerpos relevantes europeos, te mantendrá al tanto de los últimos desarrollos. Además, comprender el impacto de las nuevas leyes en las inversiones existentes te ayuda a ajustar tus estrategias proactivamente, mitigando riesgos asociados con el incumplimiento o desafíos legales inesperados.

Mantener el cumplimiento en este panorama cambiante requiere un enfoque estratégico. Adherirse a los requisitos de **Conoce a tu Cliente (KYC)** y **Antilavado de Dinero (AML)** es fundamental. Estas acciones previenen actividades ilegales al garantizar que los participantes en el mercado cripto sean correctamente identificados y evaluados. La mayoría de los intercambios ahora exigen procesos de KYC antes de permitir transacciones, lo que lo convierte en un estándar para participar en el ecosistema cripto. Familiarizarte con estos procesos y garantizar que toda la documentación necesaria esté actualizada es crucial. Además, deben observarse las obligaciones de declaración para transacciones transfronterizas, ya que muchos países exigen divulgaciones detalladas para actividades internacionales con criptomonedas. Esto incluye comprender las posibles implicaciones fiscales y asegurarte de que todas las transacciones se declaren con precisión.

Los beneficios del cumplimiento regulatorio van más allá de evitar sanciones. Cumplir con las normativas mejora la legitimidad y seguridad de tus inversiones, fomentando confianza y credibilidad entre otros participantes del mercado. Los inversores que adhieren a las regulaciones suelen ser vistos como más confiables, lo que crea oportunidades adicionales de colaboración. Además, el cumplimiento otorga acceso a intercambios y servicios financieros regulados, que generalmente son más seguros y estables que sus contrapartes no reguladas. Estas plataformas a menudo ofrecen medidas de seguridad mejoradas y protecciones de seguro, brindando mayor seguridad para tus activos. Al adoptar el cumplimiento, no solo proteges tus inversiones, sino que también aseguras un crecimiento más sólido y confiable en el mercado de criptomonedas.

---

## 6.4 Trampas Legales a Evitar: Manteniéndote del Lado Correcto de la Ley

El mundo de las criptomonedas está lleno de promesas, pero también conlleva su parte de riesgos legales. Una de las preocupaciones más apremiantes para los inversores es ser víctimas de estafas. Estas estafas a menudo presentan ofertas tentadoras que parecen demasiado buenas para ser verdad. Intentan atraer a los inversores prometiendo altos rendimientos, aprovechando la complejidad y novedad de las monedas digitales para disfrazar sus verdaderas intenciones. Protegerte comienza con una dosis saludable de escepticismo. Sé cauteloso con los esquemas que garantizan ganancias o te presionan para tomar decisiones rápidas. Investiga a fondo cualquier oportunidad de inversión y mantente alerta frente a ofertas no solicitadas, especialmente a través de redes sociales o correos electrónicos.

Otra trampa legal importante implica violaciones de las leyes de valores, particularmente con las **Ofertas Iniciales de Monedas (ICOs)** no registradas. Muchos inversores subestiman los requisitos regulatorios asociados con las ICOs, lo que puede conducir a violaciones no intencionales. La **SEC** ha dejado claro que muchas ICOs pueden calificarse como valores, requiriendo el registro adecuado y el cumplimiento de las leyes de valores. No adherirse a las regulaciones puede resultar en consecuencias punibles tanto para los emisores como para los inversores. Para evitar estas trampas, asegúrate de que cualquier ICO en la que participes esté registrada y cumpla con las leyes aplicables. Esto te protege de repercusiones legales y pérdidas financieras en caso de que la ICO enfrente sanciones regulatorias.

Realizar la debida diligencia es un paso fundamental para proteger tus inversiones. Comienza evaluando la credibilidad del equipo del proyecto y sus asesores. Investiga sus antecedentes, proyectos anteriores y la reputación que tienen dentro de la industria. Un equipo sólido con un historial comprobado indica el potencial de éxito del proyecto. Luego, revisa toda la documentación legal y divulgaciones asociadas con la inversión. Estos documentos deben ser transparentes y proporcionar una comprensión clara de los objetivos, riesgos y cumplimiento regulatorio del proyecto. Considera como una señal de advertencia cualquier documentación que sea confusa o incompleta. Realizar una investigación exhaustiva minimiza los riesgos y mejora tu proceso de toma de decisiones, dotándote del conocimiento necesario para invertir con sabiduría.

Las consecuencias del incumplimiento de las leyes relacionadas con criptomonedas pueden ser graves y de largo alcance. El incumplimiento puede resultar en multas y sanciones, erosionando rápidamente cualquier ganancia obtenida. En casos más severos, las autoridades regulatorias pueden emprender acciones legales, lo que podría derivar en procedimientos judiciales y posibles cargos penales. Estos resultados pueden dañar tu reputación y crear retrocesos financieros. Comprender el panorama legal y garantizar el cumplimiento no solo se trata de evitar estas consecuencias; también se trata de fomentar confianza y credibilidad dentro de la industria. Adherirse a las regulaciones contribuye a un mercado más estable y seguro.

Buscar asesoramiento legal y representación es un paso prudente siempre que tengas dudas sobre las implicaciones legales de una inversión. Elige un abogado con experiencia en monedas digitales, ya que las particularidades del derecho en criptomonedas difieren de las finanzas tradicionales. Un abogado experto puede proporcionar orientación sobre el cumplimiento, ayudarte a navegar marcos legales complejos y representarte en disputas o consultas regulatorias. Es recomendable buscar asesoría legal cuando se trata de inversiones importantes, participar en ICOs o enfrentar posibles problemas legales. Tener asesoramiento experto puede ser invaluable, ofreciendo tranquilidad y asegurando que tus intereses estén protegidos.

Con el crecimiento constante de las criptomonedas, estar informado y actuar con cautela es vital. Comprender las trampas legales y tomar medidas proactivas no solo asegurará tus inversiones, sino que también contribuirá a un mercado más saludable y transparente. El cumplimiento legal protege tus activos y te posiciona como un participante responsable en el espacio cripto.

# Capítulo 7: Historias de Éxito y Estudios de Caso Reales

En los primeros días de Bitcoin, cuando el concepto de moneda digital comenzaba a extenderse por los rincones tecnológicos de internet, algunos individuos audaces vislumbraron su potencial y dieron un salto de fe. Entre estos pioneros se encontraba **Laszlo Hanyecz**, quien dejó su huella en la historia de las criptomonedas con una transacción aparentemente modesta. El 22 de mayo de 2010, Hanyecz realizó la primera compra conocida de un producto físico utilizando Bitcoin, intercambiando **10,000 BTC por dos pizzas**. En ese momento, esta cantidad equivalía a aproximadamente $41, con cada pizza costando alrededor de $25 cuando un británico las compró en su nombre. Aunque el precio de Bitcoin se ha disparado desde entonces, convirtiendo esas pizzas en millones de dólares hoy en día, esta transacción se celebra anualmente como el **Día de la Pizza Bitcoin**. Hanyecz no expresó arrepentimiento por la compra, viéndola como un experimento en un sistema financiero naciente que pocos entendían. Su historia refleja la mentalidad de los primeros adoptantes: curiosidad y disposición a involucrarse con una tecnología innovadora a pesar de su futuro incierto.

De manera similar, los **gemelos Winklevoss**, Cameron y Tyler, reconocieron el potencial de Bitcoin desde sus inicios, invirtiendo millones en la criptomoneda cuando aún era incipiente. Tras sus batallas legales con Mark Zuckerberg relacionadas con Facebook, centraron su atención en Bitcoin, acumulando una participación sustancial que más tarde contribuiría a su reconocimiento como **milmillonarios de Bitcoin**. Su enfoque de inversión fue metódico, impulsado por una comprensión del potencial de Bitcoin como reserva de valor y cobertura contra la inflación. Se convirtieron en defensores vocales de la moneda digital, fundando el intercambio **Gemini** para proporcionar una plataforma segura para el comercio de criptomonedas. Su iniciativa subraya la importancia de la inversión estratégica y la previsión, cualidades que les han servido bien en el volátil mundo de los activos digitales.

Los primeros días de Bitcoin estuvieron plagados de desafíos, entre ellos la incertidumbre regulatoria. Como moneda descentralizada que operaba fuera de los sistemas financieros tradicionales, Bitcoin suscitaba preguntas sobre legalidad y supervisión. Los primeros inversores como Hanyecz y los gemelos Winklevoss enfrentaron a menudo escepticismo e incomprensión. La ausencia de regulaciones claras planteaba riesgos significativos mientras los gobiernos intentaban categorizar y regular esta nueva clase de activos. Además, el impacto psicológico de la volatilidad del mercado era inmenso. Las fluctuaciones en el precio de Bitcoin eran dramáticas, con valores que subían y bajaban drásticamente de la noche a la mañana. Los inversores necesitaban resiliencia para soportar estos altibajos, manteniendo la confianza en el potencial a largo plazo de Bitcoin a pesar de la turbulencia a corto plazo. Este viaje emocional puso a prueba su determinación, pero aquellos que persistieron a menudo cosecharon recompensas sustanciales.

De estos primeros adoptantes surgen lecciones valiosas para los inversores de hoy. **La paciencia y una visión a largo plazo** son fundamentales. El camino de los pioneros de Bitcoin ilustra la importancia de mantenerse firme ante la adversidad, reconociendo que las tecnologías transformadoras a menudo requieren tiempo para madurar. Esto anima a los inversores a centrarse en el potencial general de los activos digitales en lugar de obsesionarse con las fluctuaciones diarias del mercado. La **diversificación** también emerge como una estrategia crítica para mitigar riesgos. Al distribuir inversiones en varias criptomonedas y otras clases de activos, los inversores pueden protegerse contra la volatilidad del mercado, asegurando que una sola caída no devaste su portafolio. Estos principios son tan relevantes ahora como lo fueron en los inicios de Bitcoin, guiando a los inversores hacia decisiones informadas y reflexivas.

## 7.2 Éxitos de Altcoins: Historias Más Allá de Bitcoin

En el mundo de las criptomonedas, que evoluciona rápidamente, las **altcoins** han creado sus propios nichos, mostrando historias de éxito notables que van mucho más allá de la sombra de Bitcoin. **Ethereum** es un ejemplo destacado, transformando el panorama de la cadena de bloques con su tecnología pionera de **contratos inteligentes**. A diferencia de Bitcoin, que funciona principalmente como una moneda digital, Ethereum introdujo una cadena de bloques programable que facilita las aplicaciones descentralizadas o dApps. Esta innovación ha abierto innumerables posibilidades, permitiendo a los desarrolladores crear aplicaciones independientes de autoridades centralizadas. El ascenso de Ethereum se atribuye a su adaptabilidad y al vibrante ecosistema que respalda, convirtiéndolo en una piedra angular del mundo cripto. Su capacidad para automatizar transacciones y acuerdos sin intermediarios ha capturado la imaginación de los sectores financiero y tecnológico, catalizando el rápido crecimiento de las finanzas descentralizadas (DeFi) y otros servicios basados en cadenas de bloques.

**Ripple** ofrece otra narrativa convincente, revolucionando la forma en que se realizan los pagos transfronterizos. Al aprovechar la tecnología de cadenas de bloques, Ripple ha creado un sistema que permite la liquidación casi instantánea de transacciones internacionales, en contraste con los sistemas bancarios tradicionales que suelen tardar días en procesar dichos pagos. El éxito de Ripple se basa en su capacidad para abordar las ineficiencias que afectan a las redes financieras globales, ofreciendo una solución más rápida y rentable. Esto ha posicionado a Ripple como un líder en el espacio fintech, con un impacto que resuena en instituciones financieras de todo el mundo. Al proporcionar un mecanismo sin fisuras para la conversión de divisas y las transferencias de fondos, Ripple ha redefinido el potencial de las criptomonedas en aplicaciones del mundo real, demostrando los beneficios prácticos de la tecnología blockchain más allá del comercio especulativo.

El valor único de estas altcoins radica en su capacidad para resolver necesidades específicas del mercado. Los contratos inteligentes de Ethereum automatizan procesos complejos, reduciendo la necesidad de intermediarios y disminuyendo los costos de transacción, lo que atrae a industrias que buscan eficiencia y transparencia. Por otro lado, el enfoque de Ripple en los pagos transfronterizos aborda un punto crítico para empresas e individuos, ofreciendo rapidez y seguridad incomparables.

Las **asociaciones estratégicas y colaboraciones** han desempeñado un papel importante en elevar las altcoins a mayores alturas. Por ejemplo, **Cardano** ha establecido asociaciones con instituciones académicas para avanzar en la investigación y educación sobre blockchain. Esta colaboración no solo ha fortalecido la base tecnológica de Cardano, sino que también ha mejorado su credibilidad y adopción en círculos académicos. **Chainlink**, otra altcoin prominente, ha colaborado con importantes empresas tecnológicas para integrar su tecnología de oráculos descentralizados, conectando contratos inteligentes con datos del mundo real. Al facilitar un intercambio de datos seguro y confiable, Chainlink se ha convertido en un componente indispensable de muchos proyectos blockchain, destacando la importancia de las alianzas estratégicas para impulsar la innovación y la penetración en el mercado.

El éxito de altcoins como Ethereum y Ripple ha tenido un impacto profundo en el mercado de criptomonedas en general. Sus logros han generado un mayor interés en las aplicaciones descentralizadas, alentando a más desarrolladores a explorar el potencial de la tecnología blockchain. Este auge en la innovación ha ampliado el alcance de lo que las criptomonedas pueden lograr, atrayendo una variedad más diversa de proyectos e inversiones. El éxito de estas altcoins también ha impulsado a los inversores a diversificar sus portafolios más allá de Bitcoin, reconociendo el potencial de crecimiento en criptomonedas alternativas. Como resultado, el mercado cripto se ha vuelto más dinámico y competitivo, con las altcoins desempeñando un papel crucial en la configuración de su futuro. Esta diversificación refleja una comprensión creciente de que el valor de las criptomonedas trasciende la mera especulación, abarcando aplicaciones del mundo real y avances tecnológicos que prometen transformar diversas industrias.

## 7.3 De la Pobreza a la Riqueza: Historias Personales en el Mundo de las Criptomonedas

En el mundo de las criptomonedas, las experiencias de innovación y cambio han inspirado a muchos. Tomemos, por ejemplo, la historia de un estudiante universitario que, con poco más que curiosidad y un presupuesto modesto, convirtió una pequeña inversión en una fortuna. Este estudiante, inicialmente motivado por un deseo de explorar los fundamentos tecnológicos de la blockchain, comenzó a invertir en Bitcoin y otras criptomonedas en sus primeros días. A través de una investigación cuidadosa, paciencia y algo de suerte, vio cómo su portafolio crecía hasta alcanzar el estatus de millonario. Este viaje subraya el potencial de las criptomonedas para ofrecer independencia financiera, especialmente cuando se abordan con entusiasmo y precaución.

Otra historia notable es la de un padre soltero que, enfrentando dificultades financieras, encontró estabilidad y alivio a través de inversiones en criptomonedas. Inicialmente escéptico respecto al mundo de las monedas digitales, este padre comenzó con pequeñas inversiones calculadas, enfocándose en comprender las dinámicas y tendencias del mercado. Con el tiempo, estas inversiones crecieron, proporcionando un colchón financiero muy necesario. Esta nueva riqueza le permitió brindar un mejor sustento a su familia, ofreciendo un nivel de seguridad que antes parecía inalcanzable. Esta narrativa destaca que el éxito en las criptomonedas no está limitado a un grupo demográfico específico; más bien, está disponible para cualquier persona dispuesta a educarse y tomar riesgos calculados.

Los antecedentes de los inversores exitosos en criptomonedas son tan diversos como las propias monedas. Desde entusiastas de la tecnología inmersos en mundos digitales hasta completos novatos que descubrieron el potencial de la blockchain, cada camino hacia el éxito es único. Muchos comenzaron su viaje con recursos limitados, impulsados por el atractivo de un sistema financiero descentralizado que prometía oportunidades más allá de las estructuras económicas tradicionales. Esta diversidad en los puntos de partida enfatiza la accesibilidad de las criptomonedas como vehículo de inversión. Demuestra que las dificultades financieras no son una barrera insuperable, sino un desafío que puede superarse con determinación y pensamiento estratégico.

El éxito en el mundo cripto a menudo depende de una mentalidad específica. **Tomar riesgos** es común entre quienes han encontrado riqueza a través de monedas digitales, pero no se trata de apuestas imprudentes, sino de equilibrar el riesgo con decisiones calculadas. Los inversores exitosos analizan cuidadosamente las tendencias del mercado, estudian documentos técnicos (*whitepapers*) y se mantienen al tanto de los avances tecnológicos. Comprenden que la volatilidad del mercado cripto puede ser tanto un amigo como un enemigo y adaptan sus estrategias en consecuencia. El aprendizaje continuo y la adaptación son cruciales: aceptan el cambio como una constante y se mantienen flexibles ante las condiciones cambiantes del mercado. Esta mentalidad les permite navegar la naturaleza impredecible de las criptomonedas con confianza y resiliencia.

Estas historias personales de éxito tienen un efecto dominó, inspirando a otros a explorar las criptomonedas como un camino viable hacia el crecimiento financiero. El auge de los influenciadores y educadores cripto ha contribuido significativamente a esta tendencia. Las personas que han logrado el éxito a menudo comparten sus experiencias y conocimientos, ayudando a desmitificar las complejidades de las monedas digitales para los recién llegados. Este intercambio de conocimientos ha fomentado una comunidad y un sentido de empoderamiento, alentando a más personas a involucrarse en la alfabetización financiera y explorar nuevas posibilidades económicas. A medida que más individuos alcanzan la independencia financiera a través de las criptomonedas, la narrativa evoluciona, atrayendo a una audiencia más amplia ansiosa por aprender y participar en esta revolución digital.

## 7.4 Iniciativas Corporativas: Cómo las Empresas Están Adoptando las Criptomonedas

En los últimos años, las corporaciones han adoptado cada vez más las criptomonedas, reconociendo su potencial para revolucionar las operaciones comerciales y mejorar la rentabilidad. La decisión estratégica de **Tesla** de invertir en Bitcoin y aceptarlo como forma de pago marcó un cambio significativo en el mundo corporativo. Al integrar Bitcoin en sus prácticas financieras, Tesla no solo atrajo la atención mediática, sino que también demostró confianza en la moneda digital como un activo viable. Este movimiento permitió a Tesla diversificar sus tesorerías mientras atendía a un segmento creciente de consumidores ansiosos por transaccionar en cripto. Sin embargo, la volatilidad de los precios de Bitcoin presentó desafíos, lo que llevó a Tesla a suspender temporalmente los pagos en Bitcoin debido a preocupaciones ambientales relacionadas con la minería. Este episodio subraya las complejidades que enfrentan las empresas al navegar por el panorama cripto, equilibrando la innovación con la naturaleza impredecible de los activos digitales.

**Square** ofrece otro caso ilustrativo de adopción corporativa de criptomonedas. La empresa de servicios financieros integró Bitcoin en su aplicación Cash App, permitiendo a los usuarios comerciar con criptomonedas de manera fluida. Esta integración fue impulsada por el deseo de democratizar el acceso a la moneda digital, alineándose con la misión de Square de empoderar a los consumidores a través de la tecnología financiera. Al facilitar las transacciones con Bitcoin, Square aprovechó un mercado emergente, mejorando su oferta de servicios y atrayendo a usuarios con inclinaciones tecnológicas. La decisión también se alineó con la estrategia de inversión de Square, ya que la compañía asignó parte de sus activos a Bitcoin, señalando confianza a largo plazo en su valor.

Para las empresas, incorporar criptomonedas ofrece numerosas ventajas, incluida una mayor eficiencia en los pagos y ahorro de costos. Adoptar monedas digitales permite a las empresas agilizar las transacciones y reducir la dependencia de los sistemas bancarios tradicionales. Los pagos en cripto ocurren casi instantáneamente, proporcionando liquidez y flexibilidad en las operaciones financieras. Sin embargo, el camino hacia la integración de criptomonedas no está exento de obstáculos. Navegar el cumplimiento regulatorio sigue siendo un desafío importante, ya que las empresas deben garantizar que sus actividades cripto cumplan con marcos legales diversos y en evolución. Además, la volatilidad inherente a las criptomonedas puede impactar la estabilidad financiera, requiriendo que las empresas desarrollen estrategias sólidas de gestión de riesgos.

Las motivaciones detrás de la adopción corporativa de criptomonedas son multifacéticas. Las empresas ven las monedas digitales como un medio para innovar en el sector de tecnología financiera y ganar una ventaja competitiva. Aceptar transacciones en criptomonedas posiciona a las empresas como visionarias y adaptables, atrayendo a un público más joven y tecnológicamente inclinado que valora la innovación digital. La creciente demanda de los consumidores por opciones de pago en cripto no puede ser ignorada. A medida que más personas poseen y transaccionan en monedas digitales, las empresas que satisfacen estas preferencias pueden captar una mayor cuota de mercado, mejorando la satisfacción y lealtad del cliente.

Mirando hacia el futuro, la adopción corporativa de criptomonedas está destinada a expandirse, con varias tendencias en el horizonte. Un área de creciente interés es el uso de la tecnología blockchain para la gestión de cadenas de suministro. Al aprovechar la transparencia y seguridad de la blockchain, las empresas pueden mejorar la trazabilidad y eficiencia en sus cadenas de suministro, reduciendo costos y mejorando la responsabilidad. Además, el sector fintech está preparado para la expansión de servicios cripto. A medida que las instituciones financieras buscan innovar y satisfacer las cambiantes necesidades de los consumidores, incorporar soluciones de criptomonedas se vuelve cada vez más atractivo. Las posibilidades son vastas, desde ofrecer productos financieros basados en cripto hasta integrar blockchain para transacciones seguras.

Al concluir este capítulo, queda claro que las iniciativas corporativas en criptomonedas están transformando el panorama empresarial, impulsando la innovación y desafiando las prácticas financieras tradicionales. Estos desarrollos reflejan un cambio en la forma en que operan las empresas y subrayan el potencial transformador de las monedas digitales en la economía en general. La interacción entre la adopción corporativa y el avance tecnológico seguirá evolucionando, ampliando los horizontes del mundo cripto a medida que avanzamos.

# Capítulo 8: Participando en la Comunidad de Criptomonedas

En el vasto y dinámico mundo de las criptomonedas, el sentido de comunidad es tanto una luz guía como una herramienta poderosa. Imagina un mercado vibrante lleno de voces que discuten las últimas tendencias, comparten conocimientos y debaten sobre el futuro de las monedas digitales. Este intercambio de ideas se refleja en los foros en línea dedicados a las criptomonedas, donde entusiastas de todos los ámbitos se reúnen para conectarse. Uno de los ejemplos más icónicos es **Bitcointalk**, un foro que ha sido fundamental para dar forma al panorama cripto. Fundado por Satoshi Nakamoto, Bitcointalk fue el lugar de nacimiento de las discusiones sobre Bitcoin, creando un espacio donde los primeros adoptantes podían colaborar e innovar. Hoy en día, sigue siendo un tesoro de conocimientos históricos y debates actuales, un testimonio de su influencia duradera.

**Reddit** también ha surgido como una plataforma vital para las conversaciones sobre criptomonedas, ofreciendo una amplia variedad de subreddits donde los entusiastas pueden explorar desde análisis de mercado hasta tecnología blockchain. Con comunidades como **r/cryptocurrency** y **r/Bitcoin**, Reddit proporciona un espacio tanto para los recién llegados como para los inversores experimentados para participar en discusiones significativas. Estos foros no solo son para compartir noticias, sino también para construir redes y aprender de la sabiduría colectiva. Aquí puedes acceder a actualizaciones en tiempo real, discutir tendencias del mercado y descubrir nuevas oportunidades de inversión. La inmediatez y la amplitud de la información disponible hacen de Reddit una fuente importante para cualquier persona que desee profundizar su comprensión del mundo cripto.

Participar en estos foros ofrece numerosos beneficios más allá de simplemente recopilar información. Interactuar con otros te permite hacer preguntas y recibir comentarios de quienes han recorrido caminos similares. Es como tener un mentor al alcance de la mano, listo para ofrecer consejos y compartir sus experiencias. Este entorno colaborativo fomenta el aprendizaje, brindándote conocimientos técnicos, estrategias de inversión y un espacio para discutir las últimas noticias cripto mientras creces y aprendes.

Para aprovechar al máximo tus interacciones en los foros, es esencial abordarlas de manera constructiva. Comienza elaborando preguntas y comentarios reflexivos. Las consultas claras y concisas no solo mejoran tu comprensión, sino que también fomentan respuestas significativas. Participar en discusiones con respeto y apertura puede construir tu credibilidad dentro de la comunidad, conduciendo a interacciones más enriquecedoras y conexiones más sólidas. Comparte tus conocimientos y experiencias, contribuye a las conversaciones y apoya a otros en sus consultas. Esta dinámica recíproca enriquece la experiencia del foro, permitiéndote aprender y enseñar por igual.

Cuando busques foros para unirte, elige aquellos conocidos por su contenido de calidad y base activa de usuarios. Subreddits como **r/cryptocurrency** y **r/Bitcoin** son excelentes puntos de partida, ofreciendo discusiones animadas y una gran cantidad de información. Más allá de Reddit, plataformas como **CryptoCompare** y las discusiones en **TradingView** ofrecen foros especializados enfocados en análisis de mercado y estrategias de trading. Estas comunidades suelen ser frecuentadas por traders y analistas experimentados, ofreciendo ideas que pueden refinar tu enfoque de inversión. Al participar en foros reputados, garantizas acceso a información confiable y a una comunidad dedicada a avanzar en el campo de las criptomonedas.

**Lista de Recursos: Foros Reputados sobre Criptomonedas**

- **Bitcointalk:** El foro original para discusiones sobre Bitcoin, lleno de contexto histórico y debates actuales.
- **Reddit » r/cryptocurrency:** Una comunidad líder para noticias, discusiones y tendencias del mercado.
- **Reddit » r/Bitcoin:** Enfocado en temas específicos de Bitcoin, desde análisis técnicos hasta noticias de adopción.
- **CryptoCompare:** Ofrece análisis de mercado e ideas de trading de miembros experimentados de la comunidad.
- **TradingView Discussions:** Una plataforma para análisis detallado de gráficos y estrategias de trading.

Participar en estos foros puede transformar tu comprensión de las criptomonedas, brindándote una gran cantidad de conocimientos y una red de pares que apoyen tu trayectoria.

---

**8.2 Participando en Encuentros: Construyendo tu Red Cripto**

Imagina una sala llena de conversaciones animadas, el ambiente cargado de entusiasmo mientras personas de todos los rincones del mundo cripto se reúnen para compartir su pasión por las monedas digitales. Los **encuentros sobre criptomonedas** ofrecen este escenario único, creando oportunidades para la interacción cara a cara y el aprendizaje dentro de la comunidad. A diferencia de las interacciones digitales en los foros en línea, los encuentros proporcionan una conexión tangible, donde las ideas fluyen libremente y las relaciones se construyen en tiempo real.

Estos encuentros pueden adoptar diversos formatos, como talleres, paneles de discusión y eventos de networking, cada uno ofreciendo su propio estilo de participación. Los talleres pueden profundizar en las complejidades técnicas de la blockchain, mientras que los paneles de discusión podrían contar con líderes de la industria debatiendo tendencias futuras. Por otro lado, los eventos de networking son ideales para mezclarse con otros entusiastas, intercambiar ideas y forjar nuevas conexiones. Ya sean locales o globales, los encuentros son invaluables para cualquiera que desee profundizar su participación en el mundo cripto.

Asistir a encuentros cripto puede ser transformador, no solo por el conocimiento que adquieres, sino también por la forma en que lo aplicas. Imagina estrechar la mano de profesionales de la industria, conversar con entusiastas experimentados y aprender directamente de oradores expertos y panelistas. Estas interacciones proporcionan ideas de primera mano que no puedes obtener leyendo artículos o viendo videos en línea. Además, las conexiones que haces en estos eventos pueden abrir puertas a colaboraciones, mentorías e incluso oportunidades de inversión. La comunidad cripto prospera gracias a la colaboración, y los encuentros son terreno fértil para cultivar estas relaciones.

Para aprovechar al máximo tu experiencia en los encuentros, la **preparación es clave**. Antes de asistir, investiga la agenda del evento y los oradores, y piensa en los temas que deseas explorar más a fondo. Estar preparado te ayudará a participar de manera más efectiva, asegurando que aproveches al máximo la oportunidad de interactuar con personas conocedoras. Durante el evento, sé proactivo al presentarte y participar en discusiones. Esto no solo mejora tu experiencia de aprendizaje, sino que también te ayuda a construir un círculo de individuos con intereses similares. Después del evento, da seguimiento a las personas que conociste a través de LinkedIn u otras plataformas sociales para mantener y fortalecer estas nuevas conexiones. Un simple mensaje expresando tu aprecio por sus ideas puede ser muy útil para mantener la conversación.

Encontrar los encuentros adecuados para asistir es esencial para maximizar tu experiencia. Sitios web como **Meetup.com** y **Eventbrite** ofrecen una gran cantidad de listados para eventos de criptomonedas en varias ubicaciones, permitiéndote encontrar los que se ajusten a tus intereses y horario. Estas plataformas son fáciles de usar; puedes filtrar eventos por ubicación, fecha y tema para encontrar los más relevantes. Los grupos en redes sociales dedicados a eventos locales de criptomonedas también pueden ser excelentes recursos para descubrir encuentros en tu área. Estos grupos proporcionan reseñas de asistentes anteriores y facilitan discusiones que pueden ayudarte a decidir qué encuentros priorizar.

Los encuentros no solo se tratan de aprender y hacer contactos, sino también de construir una red de personas comprometidas con el avance del futuro financiero y tecnológico. Al participar activamente en estos eventos, puedes adquirir ideas que mejoren tu comprensión, construir una red que respalde tu crecimiento y contribuir al conocimiento colectivo que impulsa el espacio cripto hacia adelante. Ya seas un principiante ansioso por aprender o un inversor intermedio que busca destacar, los encuentros ofrecen un entorno dinámico y enriquecedor que puede tener un impacto significativo en tu trayectoria en el mundo de las criptomonedas.

### 8.3 Influencers y Líderes de Opinión: A Quién Seguir y Por Qué

En el dinámico mundo de las criptomonedas, los **influencers y líderes de opinión** ejercen una notable influencia sobre la percepción del mercado y las tendencias. Estas figuras, con grandes seguidores en línea, pueden cambiar los sentimientos del mercado con un simple tuit o publicación en un blog. Consideremos a **Andreas Antonopoulos**, un referente en educación y defensa de las criptomonedas. Su trabajo desmitifica temas complejos, haciéndolos accesibles a una audiencia más amplia y empoderando a las personas para tomar decisiones informadas. A través de libros, charlas y videos, Antonopoulos proporciona una base sólida para comprender Bitcoin y blockchain, consolidando su papel como una voz confiable en la comunidad.

Por otro lado, **Elon Musk** ejemplifica el impacto volátil de las redes sociales en el espacio cripto. Un tuit de Musk puede hacer que los precios se disparen o caigan drásticamente, ilustrando la profunda influencia que estas figuras pueden tener. Aunque los tuits de Musk suelen generar debate, la atención que atraen resalta el poder de los influencers para moldear las narrativas cripto.

**Seguir influencers reputados** puede ser enormemente beneficioso. Estos líderes de opinión ofrecen análisis expertos y predicciones que guían a sus seguidores a través de las complejidades del mercado cripto. Interactuar con su contenido brinda una oportunidad para aprender cómo otros han tenido éxito. Por ejemplo, seguir a **Vitalik Buterin**, cofundador de Ethereum, ofrece una perspectiva interna sobre la innovación blockchain y el futuro de las redes descentralizadas. Las ideas de Buterin van más allá de los aspectos técnicos, abordando consideraciones filosóficas y éticas de la tecnología blockchain, fomentando una comprensión holística de su potencial.

De manera similar, **Laura Shin**, una respetada periodista y presentadora del pódcast *Unchained*, realiza entrevistas en profundidad con pioneros de la industria, ofreciendo a los oyentes relatos de primera mano sobre triunfos y desafíos en el ámbito cripto. Estas interacciones proporcionan valiosas lecciones e inspiración para quienes navegan las aguas volátiles de las monedas digitales.

Sin embargo, **discernir a quién confiar** requiere una evaluación cuidadosa. No todas las voces son iguales; algunas pueden estar impulsadas por intereses propios o exageraciones más que por una verdadera experiencia. Un historial consistente es clave. Busca influencers cuyas predicciones y análisis hayan sido precisos a lo largo del tiempo, demostrando su profundo conocimiento del mercado. La transparencia es otro criterio crucial; los influencers deben revelar sus afiliaciones y posibles sesgos, permitiendo a los seguidores evaluar la objetividad de sus ideas. Evita a aquellos cuyo contenido se basa en el sensacionalismo o promesas de rendimientos garantizados, ya que suelen ser señales de falta de credibilidad.

Para quienes buscan un punto de partida, varios influencers destacan por su experiencia y perspectivas equilibradas:

- **Vitalik Buterin**: Esencial para cualquier interesado en Ethereum y las implicaciones más amplias de blockchain.
- **Laura Shin**: Su periodismo y pódcast ofrecen opiniones variadas dentro de la industria, haciéndola un recurso invaluable.

Seguir a estos líderes de opinión permite acceder a conocimientos profundos y experiencias que pueden enriquecer tu enfoque de inversión en criptomonedas. Se trata de encontrar aquellas voces que resuenen con tus valores y objetivos, ayudándote a navegar el panorama cripto con confianza y claridad.

En un mundo donde la información abunda pero no siempre es precisa, alinearte con influencers confiables puede ser una luz guía. No solo ofrecen datos, sino también contexto y comprensión, ayudándote a dar sentido al mundo en constante evolución de las monedas digitales.

---

## 8.4 Navegando las Redes Sociales: Fuentes Confiables vs. Exageraciones

En el vertiginoso ámbito de las criptomonedas, las **redes sociales** sirven tanto como un faro de información como un campo minado de desinformación. Plataformas como **Twitter** y **Telegram** han surgido como actores clave para la difusión de noticias en tiempo real y la facilitación de discusiones. Twitter, en particular, destaca como una fuente primaria para actualizaciones y comentarios cripto. Figuras influyentes, analistas y entusiastas acuden a Twitter para compartir ideas, predicciones y noticias de última hora. La inmediatez de los tuits lo convierte en una herramienta invaluable para mantenerse informado.

Sin embargo, entre la avalancha de hashtags y tuits, está el desafío de distinguir la información creíble del ruido. **Los grupos de Telegram** también prosperan como espacios para discusiones impulsadas por la comunidad, donde los entusiastas se reúnen para intercambiar ideas y analizar tendencias del mercado. Estos grupos suelen ofrecer un entorno más íntimo, permitiendo conversaciones detalladas y la compartición de diversas perspectivas.

El vasto océano de información en las redes sociales tiene sus trampas. El desafío radica en discernir las noticias confiables de la marea abrumadora de titulares sensacionalistas. El pensamiento crítico se convierte en tu activo más valioso en un mundo donde la atención es breve y los titulares están diseñados para captar la mirada. Identificar las características del clickbait, como afirmaciones exageradas o lenguaje emocionalmente cargado, puede ayudarte a navegar este panorama con ojo crítico.

**Verificar las fuentes antes de actuar** sobre la información es crucial. Esto implica comprobar la credibilidad de la persona o publicación detrás de la noticia, cruzar referencias con otras fuentes confiables y cuestionar la motivación detrás de la información presentada. De esta manera, te proteges contra la desinformación y aseguras que tus decisiones se basen en hechos en lugar de exageraciones.

Para **aprovechar las redes sociales de manera efectiva**, es esencial curar una lista de fuentes y expertos confiables. Sigue a personas que hayan demostrado constantemente precisión e integridad en sus análisis. Participa activamente en discusiones para obtener perspectivas diversas, desafiar tus suposiciones y ampliar tu comprensión.

Además, utiliza herramientas tecnológicas para mantenerte actualizado. Las listas y alertas de Twitter te permiten organizar tu feed en torno a temas o expertos específicos, asegurando que recibas información oportuna sin sentirte abrumado. Los canales dedicados en **Discord** también ofrecen un entorno enfocado para discusiones, reuniendo comunidades con intereses compartidos de manera estructurada.

En la era digital, **dominar el uso de las redes sociales** requiere una combinación de escepticismo, participación y organización. Al seleccionar cuidadosamente tus fuentes de información y participar activamente en discusiones, creas un ecosistema de conocimiento personalizado que te empodera para navegar el intrincado mundo de las criptomonedas con confianza.

Cada tuit, publicación o mensaje se convierte en una pieza del rompecabezas que contribuye a una comprensión más amplia del flujo y reflujo del mercado. A medida que continúas explorando las posibilidades de las monedas digitales, recuerda que las redes sociales son un poderoso aliado cuando se usan sabiamente, ofreciendo una ventana al paisaje dinámico y en constante evolución de las criptomonedas.

Con estas estrategias en mente, puedes extraer las ideas más valiosas de las redes sociales, asegurándote de mantenerte informado y ágil en tus esfuerzos cripto. Al cerrar este capítulo, reflexiona sobre cómo estas herramientas y estrategias pueden mejorar tu participación en la comunidad. En el próximo capítulo, exploraremos el futuro de las criptomonedas, profundizando en tendencias emergentes y conocimientos sobre el crecimiento financiero y los avances tecnológicos.

# Capítulo 9: El Futuro de las Criptomonedas

Imagina esto: una bulliciosa plaza donde cada transacción, desde la compra de un café hasta un complejo acuerdo de préstamo, ocurre sin la intervención de un solo intermediario humano. Esto no es una escena de una película futurista, sino la promesa de las finanzas descentralizadas, o **DeFi**. DeFi es una fuerza revolucionaria que transforma el panorama financiero al ofrecer alternativas descentralizadas a los servicios financieros tradicionales. A diferencia de los sistemas bancarios convencionales que dependen en gran medida de instituciones centralizadas, DeFi opera en tecnología blockchain, eliminando la necesidad de bancos e instituciones financieras como intermediarios. Esta descentralización hace que los servicios financieros sean más accesibles, transparentes y eficientes, inaugurando una nueva era de autonomía económica.

En el corazón de DeFi está el concepto de los **contratos inteligentes**. Estos contratos autoejecutables tienen términos escritos en código, lo que permite transacciones sin depender de un tercero. Imagina alquilar un apartamento a través de un contrato inteligente que aplica automáticamente los términos del arrendamiento, sin necesidad de propietarios ni agentes. Las plataformas DeFi aprovechan estos contratos inteligentes para facilitar transacciones "sin confianza", donde el código y la criptografía reemplazan los sistemas tradicionales basados en la confianza. Esta innovación permite préstamos, intercambios y transacciones directas entre usuarios, reduciendo costos y aumentando la velocidad de las operaciones. Plataformas como Ethereum se han convertido en fundamentales para las aplicaciones DeFi, ofreciendo la infraestructura necesaria para una amplia gama de servicios financieros.

Ethereum desempeña un papel clave en el ecosistema DeFi, proporcionando la columna vertebral para muchas aplicaciones descentralizadas. Su naturaleza de código abierto y sus sólidas capacidades de contratos inteligentes lo convierten en una plataforma ideal para desarrolladores que buscan innovar. Plataformas populares de DeFi como **Uniswap** y **Aave** ejemplifican el potencial de Ethereum. **Uniswap** permite intercambiar tokens directamente desde billeteras en un intercambio descentralizado, sin la intervención de una autoridad central, facilitando el comercio de manera fluida y rentable. Por su parte, **Aave** permite depósitos y préstamos de activos en su foro de préstamos descentralizado, generando intereses sin intermediarios financieros tradicionales. Estas plataformas ilustran el cambio hacia las finanzas descentralizadas, donde los usuarios tienen más control sobre sus actividades económicas.

Aunque DeFi ofrece numerosos beneficios, como mayor accesibilidad e inclusión financiera, también enfrenta desafíos. La transparencia de la tecnología blockchain asegura que cualquier persona con acceso a Internet pueda utilizar servicios financieros. Esta inclusividad democratiza las finanzas, ofreciendo oportunidades a quienes tradicionalmente han sido desatendidos por los sistemas convencionales. Sin embargo, la dependencia de los contratos inteligentes introduce vulnerabilidades. Si un contrato inteligente contiene un error, puede ser explotado por estafadores, causando pérdidas financieras significativas. Además, el panorama regulatorio de DeFi sigue siendo incierto mientras los gobiernos buscan formas de supervisar los sistemas descentralizados. Estos desafíos requieren una cuidadosa consideración y gestión de riesgos para quienes utilizan plataformas DeFi.

**Casos prácticos** demuestran el potencial transformador de DeFi. Por ejemplo, las **stablecoins descentralizadas** como **DAI** mantienen su valor sin control centralizado. Estas stablecoins proporcionan una reserva de valor confiable en el volátil mercado cripto, facilitando transacciones cotidianas y pagos transfronterizos. La **agricultura de rendimiento** (yield farming) representa otra estrategia innovadora dentro de DeFi, permitiendo a los usuarios obtener altos rendimientos sobre sus tenencias de criptomonedas. Al proporcionar liquidez a las plataformas DeFi, los usuarios reciben recompensas en tokens adicionales, creando nuevas oportunidades de ingresos pasivos. Estos ejemplos destacan cómo DeFi puede interrumpir las finanzas tradicionales, ofreciendo alternativas más rápidas, económicas y adaptables a las necesidades de una audiencia global.

**Sección de Reflexión: Explorando tu Potencial en DeFi**

- **Considera:** ¿Qué aspectos de las finanzas tradicionales son más restrictivos y cómo podría DeFi ofrecer una solución?
- **Explora:** Investiga una plataforma DeFi como Uniswap o Aave. ¿Qué características únicas ofrecen y cómo podrían beneficiar tus objetivos financieros?
- **Reflexiona:** ¿Qué tan cómodo te sientes con los riesgos asociados a DeFi, como las vulnerabilidades

de los contratos inteligentes? ¿Qué precauciones puedes tomar?

Mientras reflexionas sobre estas preguntas, considera cómo los principios de DeFi se alinean con tus aspiraciones financieras y si este nuevo frente ofrece las herramientas que necesitas para alcanzarlas.

## 9.2 El Papel de la IA y Blockchain: Una Relación Simbiótica

En el mundo de la tecnología, donde el cambio es la única constante, la intersección entre la **inteligencia artificial (IA)** y la **blockchain** destaca como un desarrollo prometedor. Estas dos tecnologías, cada una revolucionaria por derecho propio, se complementan para mejorar la eficiencia y la seguridad. Imagina algoritmos de IA optimizando el procesamiento de datos en blockchain, permitiendo un manejo de información más rápido y preciso. La IA puede analizar grandes conjuntos de datos almacenados en redes blockchain, identificando patrones e ideas que serían imposibles de detectar para los humanos. Esta sinergia permite una toma de decisiones en tiempo real y eficiencias operativas mejoradas en diversos sectores.

Blockchain ofrece algo igualmente valioso a la IA: **datos seguros e inmutables**. En los sistemas de IA, la integridad de los datos es primordial. La tecnología blockchain asegura que los datos utilizados para entrenar modelos de IA no puedan ser manipulados, proporcionando una base confiable para desarrollar soluciones de IA más precisas y confiables. Esta inmutabilidad es crucial en sectores donde la integridad de los datos no es negociable, como las finanzas y la atención médica. Cuando los sistemas de IA operan en redes blockchain, se benefician de un historial de datos transparente y verificable, lo que mejora la credibilidad de las decisiones impulsadas por IA.

La integración de IA y blockchain ya está transformando industrias con aplicaciones innovadoras. Considera los **contratos inteligentes impulsados por IA**, que automatizan procesos de toma de decisiones complejos. Estos contratos pueden ejecutar acciones predefinidas basadas en datos en tiempo real sin intervención humana, reduciendo costos y errores humanos. En la verificación de identidad, los sistemas basados en blockchain utilizan IA para detectar fraudes, analizando patrones y señalando actividades sospechosas. Esta combinación mejora la seguridad y agiliza los procesos de verificación, haciéndolos más eficientes y menos propensos a errores humanos.

A pesar de los claros beneficios, integrar IA y blockchain plantea desafíos. Aunque la transparencia y la confianza en las operaciones de IA mejoran significativamente con blockchain, persisten obstáculos técnicos y éticos. La implementación a gran escala requiere superar problemas relacionados con la privacidad de los datos y la interoperabilidad. Además, garantizar que los sistemas de IA operen de manera ética y sin sesgos es un desafío importante. A medida que la IA se vuelve más autónoma, la necesidad de procesos de toma de decisiones transparentes crece. Blockchain puede proporcionar auditorías de decisiones tomadas por IA, pero garantizar que estos sistemas actúen éticamente requiere una supervisión y regulación cuidadosas.

Mirando hacia el futuro, el potencial de la IA para mejorar la escalabilidad de blockchain es una perspectiva emocionante. La IA puede optimizar la asignación de recursos y mejorar el rendimiento de las redes blockchain, haciéndolas más rápidas y eficientes. Además, el desarrollo de modelos descentralizados de IA que aprovechen la infraestructura blockchain está en expansión. Estos modelos podrían operar de manera independiente, proporcionando soluciones descentralizadas sin depender de autoridades centrales. Esto podría conducir a sistemas más resilientes que operen en entornos diversos sin puntos centrales de falla.

A medida que estas tecnologías evolucionan, su convergencia probablemente llevará a innovaciones que transformen industrias y redefinan cómo interactuamos con la tecnología. Las posibilidades e implicaciones son vastas, ya que la IA y blockchain revolucionan el panorama digital.

## 9.3 Predicciones para la Próxima Década: ¿Hacia Dónde Nos Dirigimos?

Las criptomonedas están al borde de un cambio transformador, con expertos prediciendo un futuro en el que las monedas digitales se integren profundamente en nuestros sistemas financieros. Una de las tendencias más significativas es la **creciente adopción institucional** de las criptomonedas. Grandes instituciones financieras están comenzando a abrazar los activos digitales, reconociendo su potencial para diversificar carteras y protegerse contra la volatilidad de los mercados tradicionales. Este cambio no es meramente especulativo; es una estrategia que refleja una creciente confianza en la estabilidad y viabilidad de las criptomonedas. A medida que bancos, fondos de cobertura y gestores de activos incorporen cripto en sus ofertas, podemos esperar un efecto dominó que acelere la aceptación e integración en el mercado general.

Otro desarrollo importante es el **aumento de las Monedas Digitales de Bancos Centrales (CBDCs)**. Los bancos centrales de todo el mundo están adoptando monedas digitales para complementar o reemplazar el efectivo físico. A diferencia de las criptomonedas descentralizadas, las CBDCs serían emitidas y reguladas por los gobiernos nacionales, uniendo las finanzas tradicionales con el mundo digital. La introducción de CBDCs podría optimizar la implementación de políticas monetarias y mejorar la eficiencia de los sistemas de pago. Sin embargo, también plantea interrogantes sobre la privacidad y el control gubernamental sobre las transacciones financieras individuales. A medida que estas monedas digitales ganen terreno, podrían remodelar el panorama económico, influyendo en el comportamiento del consumidor y las dinámicas del comercio global.

El avance de la tecnología desempeñará un papel crítico en la evolución de las criptomonedas. El desarrollo de blockchains más escalables y eficientes en términos de energía es una prioridad, ya que los sistemas actuales a menudo enfrentan cuellos de botella en las transacciones y altos consumos de energía. Las innovaciones en tecnología blockchain buscan abordar estos problemas, permitiendo transacciones más rápidas y sostenibles. La integración con el **Internet de las Cosas (IoT)** es otra área de enfoque, prometiendo interacciones fluidas entre dispositivos y monedas digitales. Imagina un mundo donde tu coche paga automáticamente por el estacionamiento o tu refrigerador ordena alimentos, todo facilitado por la tecnología blockchain. Estos avances tienen el potencial de revolucionar nuestra interacción con los mundos digital y físico, creando nuevas eficiencias y posibilidades.

Los **marcos regulatorios globales** también están evolucionando, con los gobiernos esforzándose por equilibrar la innovación con la protección al consumidor. Se anticipa una mayor claridad en los marcos regulatorios internacionales, lo que podría proporcionar la certeza necesaria para la adopción más amplia de las criptomonedas. Regulaciones claras ayudan a eliminar incertidumbres que desaniman a potenciales inversores y negocios. Sin embargo, este cambio requiere una consideración cuidadosa para evitar sofocar la innovación. Los reguladores enfrentan el desafío de crear políticas que protejan a los consumidores sin obstaculizar el progreso tecnológico. A medida que estos marcos se desarrollen, es probable que influyan en el ritmo y la naturaleza de la adopción cripto, moldeando cómo se perciben y utilizan estos activos digitales.

Las **implicaciones sociales y económicas** de la adopción generalizada de criptomonedas son profundas. En regiones desatendidas, las monedas digitales pueden ofrecer una alternativa a los servicios bancarios tradicionales. Para muchos, las criptomonedas representan una forma de participar en la economía global, superando las limitaciones de los sistemas financieros locales. Esta democratización de las finanzas podría empoderar a individuos y comunidades, fomentando el crecimiento y desarrollo económico. Por otro lado, el auge de las criptomonedas supone desafíos para los bancos e instituciones financieras tradicionales. A medida que más personas recurran a las monedas digitales, los bancos pueden necesitar adaptar sus modelos para seguir siendo relevantes. Este cambio podría llevar a una reinvención de los servicios financieros, enfocándose en soluciones digitales que satisfagan las necesidades de una población cada vez más tecnológica.

La próxima década promete un panorama dinámico y en evolución para las criptomonedas, impulsado por cambios tecnológicos, regulatorios y sociales. Estos cambios ofrecen tanto oportunidades como desafíos, invitándonos a repensar nuestra relación con el dinero y las finanzas en un mundo cada vez más digital.

---

## 9.4 Adopción Global: Cerrando la Brecha Entre lo Tradicional y lo Digital

Imagina un mundo donde las monedas digitales fluyen tan libremente como el agua, cruzando fronteras y conectando a personas en todas partes. Hoy en día, las criptomonedas están tejiéndose lentamente en el tejido de las finanzas globales. Algunos países están a la vanguardia, abrazando esta ola digital con los brazos abiertos. Naciones como **India, Nigeria y Vietnam** han emergido como líderes en la adopción de criptomonedas, impulsadas por la necesidad y la innovación. Estas regiones han aprovechado las monedas digitales para superar las limitaciones bancarias tradicionales, ofreciendo a sus poblaciones una nueva puerta de entrada a los servicios financieros. Los gobiernos de estos países están apoyando cada vez más el uso de monedas digitales, reconociendo su potencial para impulsar el crecimiento económico y la inclusión financiera.

Las iniciativas van desde marcos regulatorios que fomentan la innovación hasta asociaciones público-privadas que impulsan el avance tecnológico.

Múltiples factores impulsan este cambio global hacia la adopción de criptomonedas. El avance tecnológico ha desempeñado un papel clave, con mejoras en la infraestructura blockchain y la conectividad a Internet allanando el camino para una mayor accesibilidad. El desarrollo de la tecnología móvil ha democratizado aún más la disponibilidad, permitiendo que individuos en áreas rurales participen en la economía digital. La creciente conciencia y educación sobre las monedas digitales también han contribuido a su popularidad. A medida que las personas se informan más sobre los beneficios de las criptomonedas, están más dispuestas a explorarlas y adoptarlas como herramientas financieras viables. Esta mayor comprensión ha fomentado un sentido de empoderamiento, permitiendo a las personas tomar el control de su futuro financiero de maneras que antes eran inimaginables.

Sin embargo, el camino hacia la adopción generalizada enfrenta desafíos. Los obstáculos regulatorios y las políticas inconsistentes presentan barreras significativas, creando incertidumbre para los usuarios y negocios. Algunos países siguen siendo escépticos respecto a las criptomonedas, imponiendo estrictas regulaciones que limitan su uso. Esta falta de uniformidad puede dificultar las transacciones transfronterizas y desanimar a posibles inversores, frenando el impulso de adopción. Además, la alfabetización tecnológica y el acceso en regiones en desarrollo continúan siendo barreras. Aunque la tecnología móvil ha avanzado, muchas personas aún carecen de las habilidades o recursos para navegar con confianza en el paisaje digital.

**Estrategias innovadoras** están surgiendo para cerrar la brecha entre los sistemas tradicionales y digitales. Los modelos híbridos que combinan la seguridad y familiaridad de la banca convencional con la flexibilidad y eficiencia de los activos digitales están ganando tracción. Estos modelos ofrecen una forma de integrar las criptomonedas en las estructuras financieras existentes, proporcionando a los usuarios una experiencia fluida. Por ejemplo, los bancos están comenzando a ofrecer servicios relacionados con cripto, como billeteras digitales y préstamos respaldados por criptomonedas, permitiendo a los clientes beneficiarse de ambos mundos. Las soluciones de pago transfronterizo también están a la vanguardia de esta integración, optimizando las transacciones internacionales y reduciendo costos.

El movimiento hacia la adopción global de criptomonedas será casi inevitable, convirtiéndose en una parte integral del futuro financiero, al igual que las acciones y bonos lo fueron en los siglos XVIII y XIX. A medida que la tecnología evoluciona, las líneas entre los sistemas tradicionales y digitales se difuminan, creando nuevas oportunidades para individuos y negocios en todo el mundo. En este panorama dinámico, aquellos que se adapten y abracen el cambio se encontrarán a la vanguardia de una revolución financiera, listos para cosechar los beneficios de una economía verdaderamente global.

En el próximo capítulo, exploraremos cómo las preocupaciones sobre seguridad y privacidad están moldeando el futuro de las criptomonedas, profundizando en los métodos que protegen los activos digitales y la información de los usuarios.

# Capítulo 10: Inversiones Éticas y Responsables

## 10.1 Evaluando el Impacto Ambiental de las Criptomonedas

Imagina un paisaje urbano en auge, donde cada edificio representa un nodo en la extensa red de criptomonedas. Mientras navegas por esta jungla digital, es crucial ser consciente del impacto ambiental de las monedas digitales que sustentan este vibrante ecosistema. Las criptomonedas, particularmente aquellas que utilizan mecanismos de prueba de trabajo (**PoW**) como Bitcoin, requieren un consumo significativo de energía. Esto ha generado intensos debates sobre su huella de carbono y sus consecuencias ecológicas. Para ponerlo en perspectiva, la red global de minería de Bitcoin consumió la asombrosa cifra de **173.42 teravatios-hora de electricidad** entre 2020 y 2021, superando el consumo energético de países enteros (Fuente 1). Este nivel de consumo ha resultado en más de **85.89 millones de toneladas métricas de emisiones de CO2**, equivalente a quemar **84 mil millones de libras de carbón** (Fuente 1). Estas cifras destacan la urgencia de abordar las repercusiones ambientales de la minería de criptomonedas, ya que la demanda energética continúa creciendo, intensificando su impacto en nuestro planeta.

El impacto ambiental de la minería de Bitcoin se agrava por su dependencia de los combustibles fósiles, con el carbón representando el **45 %** de su mezcla energética (Fuente 1). Esto ha llevado a una huella hídrica superior a **1.65 kilómetros cúbicos**, superando el uso doméstico de agua en las zonas rurales de África subsahariana (Fuente 1).

Además, la huella territorial de las operaciones de minería de Bitcoin abarca más de **1,870 kilómetros cuadrados**, un área más extensa que Los Ángeles (Fuente 1). Estas estadísticas subrayan la necesidad de prácticas sostenibles dentro de la industria de las criptomonedas. Comparativamente, los sistemas financieros tradicionales, aunque también intensivos en recursos, no alcanzan el uso concentrado de energía visto en las criptomonedas basadas en PoW. Esto plantea la pregunta: ¿cómo podemos reducir el impacto ambiental de las monedas digitales y garantizar que contribuyan positivamente a nuestro mundo?

Los esfuerzos para mitigar las consecuencias ecológicas de las criptomonedas están ganando fuerza. Una vía prometedora es la **transición de PoW a mecanismos de prueba de participación (PoS)**. PoS reduce drásticamente el consumo de energía al eliminar la necesidad de operaciones de minería intensivas en energía (Fuente 2). La reciente transición de Ethereum a PoS ejemplifica este progreso, demostrando una disminución sustancial en el uso de energía y estableciendo un precedente para otras criptomonedas. Además, la industria está adoptando cada vez más fuentes de energía renovable para las operaciones de minería. Algunas granjas mineras ahora se alimentan de energía solar, eólica o hidroeléctrica, reduciendo su huella de carbono y alineándose con los objetivos globales de sostenibilidad. Estas iniciativas destacan el potencial de las criptomonedas para evolucionar hacia soluciones más ecológicas, equilibrando el avance tecnológico con la responsabilidad ambiental.

Los **esfuerzos colectivos** dentro de la industria son cruciales para lograr un cambio ambiental significativo. Las asociaciones entre empresas de criptomonedas y organizaciones ambientales están fomentando soluciones innovadoras para abordar las preocupaciones ambientales. Por ejemplo, iniciativas como el **Crypto Climate Accord** buscan descarbonizar la industria al alentar a las empresas a adoptar prácticas sostenibles. También están surgiendo estándares y certificaciones para prácticas de minería ecológicas, proporcionando puntos de referencia para las empresas comprometidas a reducir su impacto ecológico. Al colaborar en estos frentes, la industria de las criptomonedas puede impulsar un cambio positivo, asegurando que las monedas digitales contribuyan a un futuro más sostenible.

**Reflexión: Evaluando el Impacto Ambiental de tus Criptomonedas**

- **Evalúa tus Inversiones:** Revisa las criptomonedas en tu portafolio. ¿Son monedas PoW de alto consumo energético o utilizan mecanismos más sostenibles como PoS?
- **Investiga Opciones Ecológicas:** Considera invertir en criptomonedas conocidas por sus esfuerzos de sostenibilidad, como **Algorand, Cardano o Nano** (Fuente 4).
- **Apoya Iniciativas Verdes:** Busca y apoya proyectos e intercambios comprometidos a reducir su huella de carbono. Busca certificaciones o asociaciones con organizaciones ambientales.
- **Mantente Informado:** Actualízate sobre el impacto ambiental de las criptomonedas y las prácticas sostenibles emergentes dentro de la industria.

Tomar estos pasos puede alinear tus inversiones con tus valores, apoyando un panorama de criptomonedas más sostenible y responsable.

## 10.2 Responsabilidad Social: Contribuyendo al Bien Común a Través de Criptomonedas

En el panorama en constante evolución de las monedas digitales, la **responsabilidad social** adquiere una nueva dimensión. Las criptomonedas, a menudo vistas desde una lente de ganancias e innovación, también pueden servir como herramientas poderosas para el bien social y el empoderamiento comunitario. Imagina un mundo donde las monedas digitales cierran brechas en los sistemas financieros, ofreciendo nuevos métodos para donaciones caritativas y mejorando la transparencia en los esfuerzos humanitarios. La **filantropía cripto** está en auge, presentando una oportunidad para revolucionar cómo operan las organizaciones filantrópicas. Al aprovechar la tecnología blockchain, estas organizaciones pueden garantizar que las donaciones lleguen a sus destinatarios de manera rápida y transparente.

Un ejemplo brillante de filantropía cripto es el **Pineapple Fund,** una iniciativa que ejemplifica el potencial de las criptomonedas para marcar la diferencia. Creado por un inversor anónimo de Bitcoin, el fondo donó más de **55 millones de dólares** a diversas causas caritativas, desde salud y educación hasta conservación ambiental. Este proyecto destaca cómo las monedas digitales pueden trascender las fronteras tradicionales, permitiendo contribuciones significativas a problemas globales.

Proyectos como **Alice** y **Giveth** están ampliando aún más los límites al utilizar blockchain para mejorar la transparencia en las donaciones caritativas. Estas plataformas permiten a los donantes rastrear sus contribuciones, asegurando que los fondos se utilicen según lo previsto. Al fomentar la confianza y la responsabilidad, estas iniciativas animan a más personas a participar en la filantropía, sabiendo que sus donaciones están generando un impacto tangible.

Más allá de la caridad, las criptomonedas desempeñan un papel crucial en la **inclusión financiera**, ofreciendo acceso sin precedentes a servicios financieros para poblaciones desatendidas. En varias partes del mundo, los sistemas bancarios tradicionales son inaccesibles o poco fiables, dejando a millones sin medios para ahorrar, invertir o pedir préstamos. Las monedas digitales y las finanzas descentralizadas (**DeFi**) ofrecen una alternativa, empoderando a las personas para gestionar sus finanzas de manera independiente. En regiones con infraestructura bancaria escasa, las criptomonedas permiten transacciones sin necesidad de bancos físicos.

**Estudios de caso** en países en desarrollo demuestran el poder transformador de la adopción cripto. En **Kenia**, el uso de criptomonedas ha crecido rápidamente, impulsado por la necesidad de soluciones de pago seguras y eficientes. Las plataformas de dinero móvil integradas con monedas digitales permiten a los usuarios enviar y recibir fondos rápidamente, facilitando el comercio y mejorando los medios de vida. De manera similar, en **Venezuela**, la hiperinflación ha erosionado la confianza en la moneda local, llevando a muchos a recurrir a las criptomonedas como una reserva de valor confiable. Estos ejemplos destacan cómo las monedas digitales pueden empoderar comunidades, fomentando la resiliencia y el crecimiento económico.

Para contribuir a causas sociales utilizando criptomonedas, es vital evaluar la transparencia e impacto de las organizaciones benéficas. Busca plataformas que proporcionen evidencia clara de cómo se utilizan los fondos y los resultados logrados. Esta transparencia construye confianza y asegura que tus contribuciones marquen una diferencia significativa. Participar en iniciativas de financiamiento impulsadas por la comunidad es otra forma efectiva de apoyar causas sociales. Al unirte a esfuerzos que priorizan la acción colectiva y la rendición de cuentas, puedes ayudar a crear un cambio sostenible.

Las criptomonedas ofrecen una **avenida única para la responsabilidad social**, combinando tecnología con filantropía para abordar los desafíos globales más apremiantes. Al explorar el potencial de las monedas digitales en tu viaje financiero, considera cómo pueden aprovecharse para el bien social. Apoyando iniciativas que prioricen la transparencia y el impacto, contribuyes a un mundo más equitativo e inclusivo.

## 10.3 Monedas Éticas: Apoyando Proyectos Sostenibles

En el mundo en constante evolución de las criptomonedas, las **monedas éticas** se destacan como una opción para quienes buscan alinear sus inversiones con sus valores. Estas monedas digitales están diseñadas para enfocarse en la sostenibilidad y el impacto social, diferenciándose de las criptomonedas tradicionales que a menudo priorizan las ganancias financieras sobre las consideraciones éticas. Las monedas éticas suelen adherirse a criterios ambientales, sociales y de gobernanza (**ESG**), asegurando que contribuyan positivamente a la sociedad y al planeta. Mientras que la mayoría de las criptomonedas buscan interrumpir los sistemas financieros tradicionales, las monedas éticas extienden esta disrupción a cuestiones sociales y ambientales más amplias. Al apoyar proyectos comprometidos con estos principios, los inversores pueden formar parte de un cambio significativo.

**SolarCoin** es un ejemplo del potencial de las criptomonedas éticas para respaldar iniciativas sostenibles. Esta moneda digital única incentiva la producción de energía renovable al recompensar a los generadores de energía solar con SolarCoins. Cada moneda representa una megavatio-hora de electricidad solar producida, fomentando la adopción de energía limpia y reduciendo la dependencia de los combustibles fósiles. La iniciativa no solo respalda la sostenibilidad ambiental, sino que también promueve el crecimiento de los sectores de energía renovable en todo el mundo. De manera similar, los **tokens de impacto**, como los de **Plastic Bank**, abordan desafíos globales apremiantes. La iniciativa de Plastic Bank implica recolectar y reciclar plástico que termina en los océanos, convirtiéndolo en moneda para comunidades empobrecidas. Estos tokens son una herramienta poderosa para abordar problemas ambientales mientras ofrecen oportunidades económicas a quienes más lo necesitan.

Evaluar la **naturaleza ética** de los proyectos de criptomonedas requiere un ojo atento a la transparencia y la responsabilidad. Los inversores deben examinar los equipos detrás de estas monedas, asegurándose de que tengan un historial de comportamiento ético y un claro compromiso con sus objetivos declarados. El impacto medible de los objetivos del proyecto en la sostenibilidad y la sociedad es otro factor crucial. Las inversiones éticas deben ofrecer beneficios tangibles a través de mejoras ambientales o avances sociales. Informes transparentes y actualizaciones regulares sobre el progreso pueden proporcionar información sobre la legitimidad y efectividad de un proyecto, guiando a los inversores a tomar decisiones informadas sobre dónde colocar su apoyo.

Participar en comunidades de criptomonedas éticas mejora tu comprensión e impacto en este espacio. Considera unirte a foros o grupos centrados en iniciativas cripto sostenibles, donde las discusiones giran en torno a prácticas éticas e inversiones responsables. Estas comunidades ofrecen una plataforma para compartir ideas, aprender y educar a otros sobre los últimos desarrollos en criptomonedas éticas. Apoyar **ofertas iniciales de monedas éticas (ICOs)** y proyectos impulsados por la comunidad permite a los inversores contribuir directamente a iniciativas alineadas con sus valores. Al participar en estas iniciativas, ayudas a dar forma a un futuro donde las monedas digitales no solo sean financieramente gratificantes, sino también social y ambientalmente responsables.

**Lista de Verificación: Evaluando Proyectos de Criptomonedas Éticas**

- **Transparencia:** ¿El equipo del proyecto actualiza regularmente a los interesados con informes claros y honestos?
- **Responsabilidad:** ¿Son medibles y verificables los objetivos y resultados del proyecto?

- **Impacto:** ¿Qué beneficios tangibles ofrece el proyecto al medio ambiente o a la sociedad?
- **Participación Comunitaria:** ¿Existen foros o grupos activos que discutan el proyecto, fomentando la transparencia y la colaboración?
- **Historial Ético:** ¿Tiene el equipo del proyecto un historial de comportamiento moral e iniciativas exitosas?

Las monedas éticas representan un movimiento en crecimiento dentro del panorama de las criptomonedas, ofreciendo un camino para los inversores que desean apoyar proyectos que prioricen el bienestar de nuestro planeta y nuestra sociedad. Al evaluar cuidadosamente estos proyectos y participar en comunidades afines, puedes asegurarte de que tus inversiones no solo generen retornos financieros, sino que también contribuyan a un mundo más sostenible y equitativo.

## 10.4 Equilibrando Ganancias con Principios: Tomando Decisiones Responsables

Invertir en criptomonedas no se trata solo de perseguir ganancias, sino también de alinear tus inversiones con tus valores. Este alineamiento es crucial, ya que refleja tus creencias éticas y guía tus decisiones financieras. Los objetivos económicos y los estándares morales pueden moldear tu portafolio, influyendo no solo en tus retornos, sino también en tu impacto en la sociedad. Al invertir en proyectos que resuenan con tus valores, apoyas causas que te importan y potencialmente cosechas beneficios a largo plazo. La inversión ética fomenta que las empresas adopten prácticas responsables, promoviendo la transparencia y la rendición de cuentas en el ámbito de las criptomonedas. Este enfoque puede conducir a un crecimiento sostenible tanto financiero como social, ofreciendo retornos medidos en dólares y en impacto positivo en la sociedad.

Equilibrar ganancias y ética en la inversión en criptomonedas requiere pensamiento crítico y la voluntad de perseguir metas diversas. Una estrategia práctica es diversificar tu portafolio para incluir inversiones éticas. Esta táctica distribuye el riesgo y alinea tus actividades financieras con tu brújula moral. Priorizar proyectos con prácticas transparentes y responsables es otra táctica clave. Al apoyar iniciativas que son abiertas sobre sus operaciones y están comprometidas con estándares éticos, ayudas a promover una cultura de integridad dentro de la comunidad cripto. Estos proyectos a menudo demuestran un compromiso con la sostenibilidad ambiental, la responsabilidad social o los principios de gobernanza, ofreciendo más que solo retornos financieros.

Sin embargo, la inversión ética en cripto tiene sus desafíos. Navegar por proyectos con implicaciones éticas poco claras puede ser complicado, ya que no todos los proyectos son transparentes sobre sus prácticas o impacto. El entorno cripto, que cambia rápidamente, puede generar incertidumbres, dificultando determinar si un proyecto se alinea con tus valores. Además, gestionar las compensaciones entre rentabilidad y principios requiere una consideración cuidadosa. Aunque algunas inversiones éticas pueden ofrecer menores retornos inmediatos, pueden generar beneficios significativos a largo plazo al fomentar prácticas sostenibles y responsables.

Para tomar decisiones éticas informadas, puedes usar herramientas y recursos prácticos que proporcionen información sobre el impacto ético de tus inversiones. **Plataformas de inversión ética y sistemas de calificación** pueden ayudarte a evaluar proyectos según su adherencia a criterios ambientales, sociales y de gobernanza. Estas plataformas a menudo ofrecen análisis detallados sobre el impacto, la transparencia y la responsabilidad de un proyecto, permitiéndote tomar decisiones alineadas con tus valores. Participar en un aprendizaje continuo sobre tendencias éticas en criptomonedas también es esencial. Mantenerse al día con los desarrollos en el espacio de inversión ética puede mejorar tu comprensión y permitirte adaptarte a oportunidades emergentes.

En el ámbito de las criptomonedas, donde la innovación rápida se encuentra con la responsabilidad profunda, las decisiones que tomes pueden moldear el futuro. Alinear tus inversiones con tus valores personales te permite participar en el espacio cripto con integridad y propósito. Al equilibrar ganancias con principios, recuerda que cada decisión contribuye a una narrativa más amplia que imagina un sistema financiero donde la ética y la economía coexisten armoniosamente. El viaje de la inversión ética no se trata solo de éxito financiero, sino de dejar un legado de cambio positivo en un mundo cada vez más definido por las monedas digitales. Al navegar por este panorama en evolución, deja que tus valores te guíen, moldeando un futuro donde las ganancias y los principios prosperen juntos.

# Capítulo 11: Herramientas y Recursos para el Aprendizaje Continuo

## 11.1 Construyendo tu Biblioteca Cripto

Imagina entrar en una biblioteca donde cada libro sea una guía hacia los tesoros perdidos de las criptomonedas, cada uno un portal hacia un conocimiento más profundo. Este es el mundo de la literatura cripto: un vasto recurso de sabiduría esperando ser explorado. Ya sea que estés comenzando tu viaje o buscando perfeccionar tu experiencia, construir una biblioteca sólida es esencial para comprender las complejidades de las monedas digitales. Los libros y artículos adecuados pueden iluminar el camino, ofreciéndote las herramientas necesarias para navegar con confianza y claridad por el panorama siempre cambiante de las criptomonedas.

**Libros y artículos imprescindibles: creando tu biblioteca cripto**

Para apreciar verdaderamente la complejidad y el potencial de las criptomonedas, es vital sumergirse en literatura que ofrezca tanto amplitud como profundidad. "**Mastering Bitcoin**" de **Andreas M. Antonopoulos** es una obra fundamental para aquellos con inclinaciones técnicas, explorando en detalle la red de Bitcoin, sus transacciones y mecanismos de seguridad. El trabajo de Antonopoulos es reverenciado por su claridad al explicar conceptos técnicos intrincados, convirtiéndose en un recurso indispensable para quienes aspiran a comprender el funcionamiento interno de Bitcoin. Por otro lado, "**The Age of Cryptocurrency**" de **Paul Vigna** y **Michael J. Casey** ofrece una visión general de la revolución de las monedas digitales, rastreando los orígenes y la evolución de las criptomonedas mientras examina sus implicaciones en el panorama financiero global. Este libro es perfecto para lectores que buscan un relato accesible y completo que contextualice las criptomonedas en un marco económico más amplio.

Artículos y documentos fundamentales también han dado forma significativamente al panorama cripto. Por ejemplo, el **whitepaper de Bitcoin** de **Satoshi Nakamoto** no es solo un documento técnico, sino un manifiesto revolucionario que marcó el inicio de las monedas digitales. Este trabajo seminal describe la visión de un sistema de moneda descentralizado, ofreciendo ideas sobre los principios que siguen impulsando a la comunidad cripto. Del mismo modo, los escritos de **Vitalik Buterin** sobre Ethereum y contratos inteligentes han sido fundamentales, elucidando el potencial de la tecnología blockchain más allá de las simples transacciones monetarias. Sus perspectivas sobre aplicaciones descentralizadas y contratos programables abren nuevas posibilidades de innovación y aplicación en diversos sectores.

**Lista de recursos: construyendo tu biblioteca cripto**

- **"Mastering Bitcoin"** de Andreas M. Antonopoulos: Una inmersión técnica en la arquitectura y seguridad de Bitcoin.
- **"The Age of Cryptocurrency"** de Paul Vigna y Michael J. Casey: Un relato cautivador sobre el auge de las criptomonedas.
- **Whitepaper de Bitcoin** de Satoshi Nakamoto: El documento fundacional que introdujo el concepto de Bitcoin.

- **Escritos de Vitalik Buterin**: Exploraciones sobre el potencial de Ethereum y los contratos inteligentes.

Crear una biblioteca que abarque manuales técnicos, perspectivas generales y escritos fundamentales te equipa con una comprensión integral del mundo cripto. Este conocimiento te empodera para interactuar más efectivamente con las criptomonedas, tomando decisiones informadas mientras exploras este campo dinámico y transformador.

## 11.2 Cursos en Línea y Webinars: Expandiendo tu Conocimiento

En la era digital actual, la disponibilidad de **cursos en línea y webinars** ha revolucionado la forma en que aprendemos sobre criptomonedas, ofreciendo maneras flexibles e interactivas para profundizar en nuestro entendimiento. Plataformas como **Coursera** y **edX** ofrecen cursos de nivel universitario estructurados para brindarte una comprensión integral de las criptomonedas y la tecnología blockchain. Estos cursos suelen incluir conferencias de profesores reconocidos y expertos de la industria, convirtiéndolos en un recurso invaluable para quienes prefieren un enfoque más académico. Por otro lado, **Udemy** ofrece una amplia variedad de guías prácticas y tutoriales adaptados a diferentes niveles de habilidad. Ya seas un principiante que busca una introducción o un trader experimentado que busca estrategias avanzadas, la amplia gama de temas de Udemy asegura algo para todos.

La naturaleza interactiva de los webinars añade otra capa a la experiencia de aprendizaje. A diferencia de los cursos tradicionales, los webinars ofrecen oportunidades de aprendizaje en tiempo real, permitiéndote interactuar directamente con expertos en el campo. Esta interacción a menudo incluye sesiones de preguntas y respuestas en vivo, donde puedes plantear tus dudas y recibir retroalimentación inmediata de profesionales experimentados. Estas oportunidades no solo mejoran la comprensión, sino que también proporcionan ideas exclusivas que podrían no estar disponibles en otros lugares. Además, los webinars suelen abordar las últimas tendencias y desarrollos en criptomonedas, manteniéndote informado y actualizado con las dinámicas del mercado en constante evolución.

**Elección de cursos y webinars:** Al elegir cursos y webinars, es crucial asegurarte de que se alineen con tus objetivos de aprendizaje y nivel de habilidad. Comienza evaluando cuidadosamente el contenido del curso y los resultados de aprendizaje. Un curso bien estructurado debe ofrecer objetivos claros y un avance analítico de los temas que se basen en tus conocimientos previos. También es importante verificar las credenciales de los instructores. Busca cursos impartidos por profesionales de la industria o académicos con un sólido historial en criptomonedas. Opiniones y testimonios de participantes anteriores pueden ofrecer información adicional sobre la efectividad y calidad del material del curso.

**Opciones gratuitas y pagadas:** El panorama de la educación en línea ofrece opciones tanto gratuitas como de pago, asegurando acceso a aprendizaje de calidad independientemente de las limitaciones presupuestarias. Plataformas como **Khan Academy** ofrecen cursos introductorios gratuitos que cubren los conceptos básicos de las criptomonedas, convirtiéndolos en un excelente punto de partida para principiantes. Estos cursos suelen descomponer temas complejos en lecciones manejables, fomentando una base sólida en monedas digitales. Para aquellos que buscan una exploración más profunda, hay cursos avanzados de pago disponibles que ofrecen certificaciones al completarlos. Estos cursos a menudo profundizan en áreas específicas de las criptomonedas, como el desarrollo blockchain o las aplicaciones financieras, proporcionando una comprensión exhaustiva que puede ser beneficiosa para el avance profesional.

**Ejemplos destacados:**

- El curso de criptomonedas del **MIT Media Lab**, liderado por expertos como **Gary Gensler** y **Neha Narula**, ofrece un currículo extenso. Aunque estos cursos pueden requerir una inversión financiera, la profundidad del conocimiento y la certificación que ofrecen pueden ser invaluables para los estudiantes serios.
- **Coursera** y **edX** también ofrecen opciones gratuitas para auditar cursos, con la oportunidad de obtener certificación por una tarifa si se desea.

Los **cursos en línea y webinars** representan una forma dinámica y accesible de expandir el conocimiento en criptomonedas. Ofrecen las herramientas y perspectivas necesarias para navegar eficazmente las complejidades de las finanzas digitales. A través de aprendizaje interactivo y contenido liderado por expertos, estos recursos te empoderan para interactuar con confianza en el mundo de las criptomonedas.

## Herramientas Analíticas: Mejorando tus Habilidades de Trading

Navegar por el mercado de criptomonedas sin las herramientas adecuadas es como intentar navegar sin una brújula. Para tomar decisiones informadas, necesitas herramientas analíticas que proporcionen claridad y conocimientos sobre los movimientos del mercado. **TradingView** es una opción popular entre muchos traders, ya que ofrece una plataforma sólida para análisis técnico y gráficos. Sus características incluyen varios tipos de gráficos e indicadores técnicos que te ayudan a rastrear los movimientos de precios e identificar oportunidades potenciales de trading. Con TradingView, puedes personalizar tus gráficos para enfocarte en los datos más relevantes para tu estrategia, como medias móviles, Bandas de Bollinger o el Índice de Fuerza Relativa (**RSI**). Esta flexibilidad te permite adaptar tu análisis a tu estilo de trading, ya seas un trader intradía en busca de ganancias rápidas o un inversor a largo plazo observando tendencias.

**CoinGecko** es otro recurso imprescindible, que ofrece datos detallados del mercado y seguimiento de precios para miles de criptomonedas. Esta plataforma proporciona datos en tiempo real sobre la capitalización de mercado, el volumen de negociación y los cambios de precios, manteniéndote al tanto de las tendencias del mercado. La interfaz amigable de CoinGecko facilita la comparación de criptomonedas y la evaluación de su desempeño a lo largo del tiempo. Con CoinGecko, puedes identificar tendencias emergentes y tomar decisiones basadas en datos alineados con tus objetivos de inversión. Ya sea que estés siguiendo el precio de Bitcoin o explorando nuevos altcoins, CoinGecko te brinda la información necesaria para tomar decisiones informadas.

Más allá de los gráficos básicos y el análisis de datos, las plataformas avanzadas de trading ofrecen características que mejoran tus capacidades de toma de decisiones. Los indicadores de gráficos personalizables y las alertas te permiten establecer criterios específicos para monitorear las condiciones del mercado. Estas características facilitan recibir notificaciones cuando se alcanzan ciertos umbrales, como un cruce de medias móviles o un repentino aumento de precios. Muchas plataformas también ofrecen análisis de datos históricos y funciones de backtesting, que te permiten probar tus estrategias de trading en condiciones pasadas del mercado. Al analizar cómo se habría desempeñado tu estrategia en diferentes escenarios, puedes perfeccionar tu enfoque e incrementar tus posibilidades de éxito en el trading en vivo.

La integración de **IA y aprendizaje automático** en las herramientas de trading es cada vez más común a medida que la tecnología evoluciona. Los bots de trading algorítmico utilizan algoritmos impulsados por IA para ejecutar operaciones según criterios predefinidos, permitiéndote automatizar tu estrategia de trading y minimizar decisiones emocionales. Estos bots pueden analizar cantidades masivas de datos en tiempo real, identificando patrones y tendencias que podrían no ser evidentes de inmediato para las personas. Los modelos de aprendizaje automático llevan esto un paso más allá al predecir tendencias del mercado basadas en datos históricos y condiciones actuales del mercado. Al aprovechar la IA y el aprendizaje automático, puedes optimizar tus estrategias de trading y adaptarte rápidamente a las dinámicas cambiantes del mercado.

Elegir las herramientas adecuadas para tus necesidades de trading requiere una cuidadosa consideración de tus objetivos y nivel de experiencia. Evalúa la interfaz de usuario y la facilidad de uso de cada herramienta para asegurarte de que se alinea con tus preferencias y estilo de trading. Una herramienta intuitiva y fácil de navegar puede ahorrarte tiempo valioso y reducir el riesgo de errores. Además, evalúa la compatibilidad de cada herramienta con tu configuración de trading existente. Ya sea que operes en un escritorio o dispositivo móvil, asegúrate de que las herramientas que elijas se integren perfectamente con tu plataforma preferida y respalden tus actividades de trading.

La combinación correcta de herramientas analíticas puede potenciar tus habilidades de trading y mejorar tu proceso de toma de decisiones. Al aprovechar plataformas como **TradingView** y **CoinGecko**, junto con características avanzadas y herramientas impulsadas por IA, puedes obtener una ventaja competitiva en el siempre cambiante mercado de criptomonedas. A medida que exploras estos recursos, recuerda que el aprendizaje continuo y la adaptación son clave para el éxito en el trading. Mantente informado, curioso, y permite que tus herramientas analíticas te guíen hacia el logro de tus objetivos de trading.

---

**Glosarios y Diccionarios: Navegando la Terminología Cripto**

El conocimiento de la terminología de las criptomonedas es fundamental para cualquiera que busque participar eficazmente en el espacio de las monedas digitales. El mundo cripto está lleno de jerga que puede ser tan desconcertante como intentar descifrar un idioma extranjero. Términos como "hash rate", "blockchain" y "contratos inteligentes" son fundamentales, pero a menudo malentendidos. Una comprensión clara de estos términos es vital no solo para participar en discusiones, sino también para interpretar documentos técnicos y contratos. Si no comprendes correctamente la terminología, podrías perderte en conversaciones o malinterpretar información crítica que podría afectar tus inversiones. No se trata solo de conocer las palabras, sino de entender sus implicaciones y usos en aplicaciones del mundo real.

Los glosarios y diccionarios completos son invaluables para dominar este lenguaje complejo. El glosario de criptomonedas de **Investopedia** es un excelente punto de partida para principiantes, ya que proporciona definiciones simples que desglosan conceptos complicados en partes comprensibles. Para aquellos que buscan un recurso más especializado, **"CryptoDictionary"** ofrece explicaciones detalladas adaptadas a los aspectos intrincados de las monedas digitales. Estos recursos sirven como compañeros confiables, asegurando que tengas una referencia confiable a la que recurrir siempre que encuentres términos desconocidos. Consultar regularmente estos glosarios puede ayudarte a construir un vocabulario sólido que mejore tu comprensión y refuerce tu confianza al navegar por el panorama cripto.

Dominar el lenguaje cripto requiere más que lectura pasiva; implica un compromiso activo y práctica continua. Un método efectivo es revisar regularmente términos y conceptos, reforzando la memoria y profundizando la comprensión. Las tarjetas de aprendizaje y los dispositivos mnemotécnicos pueden ser especialmente útiles para retener nuevo vocabulario. Las tarjetas te permiten evaluar tu conocimiento y rastrear tu progreso, mientras que los dispositivos mnemotécnicos ofrecen formas creativas de recordar términos complejos. Escribir términos y definiciones también puede solidificar tu comprensión, transformando conceptos abstractos en conocimiento concreto.

El uso activo es otro método poderoso para mejorar tu dominio de la terminología cripto. Participar en discusiones y debates sobre temas de criptomonedas puede solidificar tu comprensión y revelar brechas en tu conocimiento. Al participar en foros comunitarios y reuniones en línea, puedes aplicar lo que has aprendido y obtener ideas de otros en el campo. Escribir publicaciones en blogs o artículos sobre temas cripto también puede reforzar tu comprensión, ya que explicar conceptos a otros ayuda a aclarar tu propio entendimiento. Estas actividades no solo mejoran tu fluidez en el lenguaje cripto, sino que también te conectan con una comunidad más amplia de entusiastas y expertos que comparten tus intereses.

En este capítulo, hemos explorado la importancia de dominar la terminología de las criptomonedas, destacado recursos confiables para aprender y presentado estrategias para una adquisición efectiva del lenguaje. Al continuar construyendo tu conocimiento y confianza, recuerda que entender el lenguaje cripto es un viaje de aprendizaje continuo. Al adoptar estas herramientas y técnicas, te equipas para navegar por el panorama cripto con claridad y propósito, listo para participar en las oportunidades y desafíos que presenta.

Al concluir este capítulo, reflexiona sobre las herramientas y recursos discutidos. Estás mejor preparado para mejorar tu conocimiento y habilidades en criptomonedas. En el próximo capítulo, exploraremos el crecimiento personal y la mentalidad necesaria para cultivar la actitud correcta hacia el éxito en el siempre cambiante mundo de las criptomonedas.

# Capítulo 12: Crecimiento Personal y Mentalidad

## 12.1 Adoptando una Mentalidad de Crecimiento

Imagina un paisaje que cambia constantemente bajo tus pies. Este es el mercado de criptomonedas, donde el cambio es la única constante y la adaptación es fundamental. En un entorno así, cultivar una mentalidad de crecimiento no solo es beneficioso; es esencial. Acuñado por la psicóloga Carol Dweck, una mentalidad de crecimiento es la creencia de que las habilidades e inteligencia pueden desarrollarse a través de la dedicación y el trabajo arduo. En el ámbito cripto, esto se traduce en ver cada desafío como una oportunidad para aprender, innovar y crecer. A diferencia de una mentalidad fija, que ve el fracaso como un revés, una mentalidad de crecimiento lo abraza como un peldaño hacia el éxito. Esta perspectiva es crucial, ya que la volatilidad del mercado cripto puede ser desalentadora. Adoptar nuevas tecnologías y estar abierto al cambio transforma posibles obstáculos en vías hacia el avance.

Para desarrollar esta mentalidad, considera el poder de la **autorreflexión**. Tomarte el tiempo para evaluar tus experiencias y decisiones ayuda a construir resiliencia. Las prácticas de **atención plena**, como la meditación, también pueden fomentar una mente tranquila y enfocada, permitiéndote navegar por las incertidumbres. Participar en puntos de vista diversos amplía tu comprensión y te expone a nuevas posibilidades. Ya sea a través de podcasts, libros o discusiones, dar la bienvenida a diferentes perspectivas enriquece tu conocimiento y te equipa con herramientas para abordar los desafíos de manera creativa. Adoptando estas estrategias, cultivas una mentalidad que prospera en el crecimiento y la innovación, preparándote para el éxito en el siempre cambiante panorama cripto.

El **aprendizaje constante** es un pilar del crecimiento personal, especialmente en un campo tan dinámico como las criptomonedas. Mantenerse al día con las últimas tendencias del mercado y los avances tecnológicos es primordial. El mundo cripto evoluciona rápidamente, con nuevos proyectos e innovaciones surgiendo regularmente. Buscar oportunidades educativas, como cursos en línea o certificaciones, mantiene tus habilidades afiladas y relevantes. Estos esfuerzos no solo mejoran tu experiencia, sino que también abren puertas a nuevas oportunidades. Al comprometerte con el aprendizaje a lo largo de la vida, te posicionas como un participante informado en el espacio cripto, listo para adaptarte y capitalizar tendencias emergentes.

**Ejemplos del mundo real** abundan de individuos que han aprovechado una mentalidad de crecimiento para lograr un éxito notable en el ámbito cripto. Los emprendedores a menudo ajustan sus proyectos según la retroalimentación del mercado, demostrando adaptabilidad y resiliencia. Esta flexibilidad les permite refinar sus ofertas y satisfacer demandas en evolución, lo que finalmente lleva a un éxito sostenido. Los inversores también ajustan sus estrategias en respuesta a los cambios del mercado. Al ver cada fluctuación como una oportunidad para aprender y evolucionar, optimizan sus portafolios y maximizan retornos. Estos ejemplos ilustran el poder transformador de una mentalidad de crecimiento, mostrando cómo abrazar el cambio puede conducir a logros significativos.

**Sección de Reflexión: Adoptando una Mentalidad de Crecimiento en Cripto**

- Reflexiona sobre tus experiencias en el mundo cripto.
- Considera las situaciones desafiantes que has enfrentado y cómo presentaron oportunidades de crecimiento.
- Anota momentos en los que abrazar el cambio llevó a resultados positivos.
- Identifica áreas donde una mentalidad de crecimiento podría mejorar tu enfoque.

Usa estas reflexiones para guiar tu viaje en el dinámico mundo de las criptomonedas, enfrentando cada desafío con curiosidad y determinación.

---

**12.2 Aprendiendo de los Errores: Convertir Retrocesos en Éxitos**

En la inversión en criptomonedas, los errores son tan inevitables como la volatilidad del mercado. Sin embargo, estos retrocesos no son el final del camino; son parte del proceso de aprendizaje. Es natural sentir el impacto de una pérdida, especialmente cuando los riesgos son altos. Sin embargo, cada error ofrece una oportunidad para obtener conocimientos, refinar estrategias y avanzar con mayor sabiduría. Abrazar los fracasos como oportunidades de aprendizaje en lugar de obstáculos puede transformar tu enfoque hacia la inversión. Esta perspectiva permite ver las pérdidas no como fracasos, sino como lecciones valiosas que contribuyen a tu crecimiento como inversor. En un mercado donde el cambio es constante, normalizar las pérdidas es crucial. Comprender que todos enfrentan contratiempos puede ayudarte a mantener la perspectiva y construir resiliencia.

**Enfoques estructurados** pueden ser invaluables para aprender efectivamente de los errores. Realizar análisis post-mortem de operaciones fallidas es un método útil. Esto implica examinar cada aspecto de una operación para comprender qué salió mal y por qué. Identificar patrones y comportamientos que llevaron a errores permite desarrollar estrategias para evitar repetirlos. ¿Fue una decisión influenciada por el entusiasmo del mercado o se pasó por alto información crítica? Reconocer estos patrones te capacita para tomar decisiones informadas en el futuro. Este enfoque analítico transforma cada revés en un paso hacia adelante, permitiéndote refinar continuamente tu estrategia de inversión. Con el tiempo, este proceso de reflexión y ajuste puede mejorar significativamente tu toma de decisiones y éxito general en el mercado cripto.

La **resiliencia y la perseverancia** son vitales para transformar retrocesos en escalones hacia el éxito. Construir fortaleza mental a través de la adversidad es esencial. No se trata solo de soportar pérdidas, sino de usarlas como base para construir. Desarrollar nuevas estrategias basadas en experiencias pasadas puede conducir a enfoques innovadores que te diferencien de otros inversores. Cada revés ofrece una oportunidad única para reevaluar tu enfoque y adaptarte al cambiante panorama del mercado. Esta adaptabilidad es crucial en un campo tan dinámico como las criptomonedas, donde la capacidad de pivotar y ajustarse puede marcar la diferencia entre el éxito y el estancamiento.

El mundo de las criptomonedas está lleno de historias de individuos que han superado contratiempos para lograr un éxito notable. Muchos inversores se han recuperado después de pérdidas significativas, utilizando sus experiencias para tomar mejores decisiones y alcanzar sus objetivos financieros. Estas historias son recordatorios poderosos de que el fracaso a menudo precede al éxito. Los emprendedores en el espacio cripto también han enfrentado desafíos, ajustando sus emprendimientos según la retroalimentación y los cambios del mercado. Su capacidad de adaptarse y perseverar ha dado lugar a proyectos innovadores y negocios exitosos.

**Estudio de Caso: Resiliencia ante la Pérdida**
Considera un inversor que enfrentó una pérdida significativa durante una recesión del mercado. En lugar de retirarse, analizó sus errores, identificó patrones de toma de decisiones emocionales y ajustó su estrategia. Al enfocarse en inversiones a largo plazo y diversificar su portafolio, se recuperó, convirtiendo los contratiempos iniciales en ganancias sustanciales. Esta historia ejemplifica cómo la resiliencia y la reflexión pueden allanar el camino hacia el éxito en el mercado de criptomonedas.

4o

## 12.3 Manteniéndote Motivado: Estableciendo Metas y Alcanzándolas

En el mundo de las criptomonedas, establecer metas claras y alcanzables actúa como tu brújula, guiando tus decisiones y acciones mientras te mantiene motivado ante los altibajos del mercado. Establecer objetivos proporciona dirección, ayudándote a enfocarte en lo que realmente importa. Los criterios **SMART**—Específicos, Medibles, Alcanzables, Relevantes y con Tiempo definido—ofrecen un marco para crear metas realistas e inspiradoras. Estos elementos aseguran que tus metas no sean vagas, sino objetivos concretos que puedas perseguir activamente. Alinear estas metas con tus valores personales y aspiraciones financieras agrega una capa adicional de motivación. Cuando tus metas resuenan con tus creencias y sueños a largo plazo, se convierten en más que una lista de tareas; se transforman en una fuerza impulsora que te empuja hacia adelante, incluso cuando el mercado se vuelve turbulento.

Mantener la motivación requiere algo más que establecer metas; implica cultivar una mentalidad que te mantenga comprometido y enfocado. Los ejercicios de **visualización** pueden ser herramientas poderosas en este proceso. Al imaginar vívidamente tu éxito, creas una imagen mental de lo que estás buscando, haciéndolo sentir alcanzable y tangible. Esta técnica puede mejorar tu motivación, especialmente durante tiempos desafiantes. Además, formar asociaciones de rendición de cuentas con compañeros o mentores proporciona motivación y apoyo externos. Tener a alguien con quien compartir tu progreso, discutir desafíos y celebrar victorias puede reforzar tu compromiso con tus metas. Estas relaciones ofrecen aliento y perspectiva, ayudándote a mantenerte en el camino cuando surgen distracciones o dudas. Juntas, estas estrategias crean un sistema de apoyo sólido que fomenta tu motivación y resiliencia.

El seguimiento del progreso es otro aspecto crucial para alcanzar metas. Usar aplicaciones y herramientas diseñadas para el seguimiento de metas puede simplificar este proceso, ofreciendo una visión clara de tus logros y áreas que necesitan atención. Revisar periódicamente tus metas te permite evaluar tu progreso y realizar ajustes necesarios. Esta flexibilidad asegura que tus metas sigan siendo relevantes y estén alineadas con tu situación actual, adaptándose a los cambios en el mercado o tus circunstancias. Al evaluar continuamente tu progreso, te mantienes comprometido con tus objetivos, tomando decisiones informadas que respalden tus aspiraciones a largo plazo. Este enfoque dinámico para establecer y rastrear metas fomenta una mentalidad proactiva, empoderándote para enfrentar desafíos con confianza y claridad.

Las historias de personas que han establecido y alcanzado metas significativas en el espacio cripto ofrecen valiosas lecciones e inspiración. Considera a los traders que han alcanzado la independencia financiera a través de la disciplina en la definición de metas. Al establecer objetivos financieros claros y adherirse a un plan estratégico, navegaron la volatilidad del mercado y lograron sus aspiraciones. Su disciplina y enfoque son un testimonio del poder de establecer metas efectivas. De manera similar, los desarrolladores que lanzaron proyectos exitosos de blockchain demuestran la importancia de alinear metas con pasión e innovación. Su capacidad para imaginar un proyecto, establecer hitos específicos y trabajar diligentemente hacia él destaca el potencial transformador de metas claras y con propósito. Estos ejemplos ilustran cómo establecer y alcanzar metas puede conducir a logros notables, inspirándote a perseguir tus objetivos con determinación y entusiasmo.

## 12.4 El Camino por Delante: Tu Ruta Hacia la Independencia Financiera

Imagina un futuro donde la independencia financiera no sea un sueño, sino una realidad. Las criptomonedas ofrecen un camino único para lograrlo al permitir un compromiso estratégico con el mercado. Con el tiempo, construir un portafolio diversificado es clave. Esto implica distribuir inversiones en varias criptomonedas para mitigar riesgos y capitalizar oportunidades de crecimiento. Un portafolio bien equilibrado actúa como una red de seguridad, amortiguando la volatilidad del mercado mientras mejora los posibles rendimientos. La diversificación no se trata solo de elegir una variedad aleatoria de activos; requiere un análisis cuidadoso y una comprensión del potencial y el papel de cada criptomoneda en tu estrategia financiera. Al hacerlo, creas una base sólida que respalda el crecimiento y la estabilidad a largo plazo.

Además de un portafolio diversificado, explorar oportunidades de **ingresos pasivos** puede acelerar tu camino hacia la libertad financiera. Las plataformas de Finanzas Descentralizadas (**DeFi**) ofrecen formas de ganar a través de préstamos, yield farming y provisión de liquidez. El staking, otra estrategia poderosa, implica mantener criptomonedas en una billetera para apoyar las operaciones de la red, obteniendo recompensas a cambio. Estos métodos permiten que tus activos trabajen para ti, generando ingresos sin necesidad de monitorear constantemente el mercado. Al explorar estas oportunidades, es crucial mantenerse informado sobre los riesgos y recompensas asociados con cada una. El ingreso pasivo no es completamente "pasivo" en el sentido de ser sin esfuerzo; requiere diligencia continua y planificación estratégica para garantizar un crecimiento sostenible.

Lograr la independencia financiera a través de las criptomonedas demanda una mentalidad disciplinada. La disciplina es tu aliada, guiándote a través de los altibajos del mercado. La paciencia también juega un papel vital, ya que apresurarse en las decisiones a menudo lleva a errores. La toma de decisiones informada es la base de una inversión exitosa. Acceder a datos, conocimientos y estar dispuesto a adaptar tu estrategia según sea necesario son componentes esenciales de este proceso. Pensar y planificar a largo plazo son vitales, permitiéndote ver más allá de las fluctuaciones inmediatas y enfocarte en objetivos financieros generales. Equilibrar el riesgo con inversiones estratégicas es un acto delicado que requiere evaluación y ajuste constantes para mantener la trayectoria deseada.

Una vez que la independencia financiera esté al alcance, el desafío se desplaza hacia mantenerla. Reevaluar regularmente tus estrategias de inversión y asignaciones de activos es crucial. Los mercados evolucionan, y lo que funcionó ayer puede no ser relevante mañana. Al mantenerte comprometido e informado, puedes adaptarte a las innovaciones y aprovechar nuevas oportunidades. La educación continua sigue siendo una prioridad, asegurando que te mantengas al día con las tendencias y los avances tecnológicos. Ya sea a través de cursos, webinars o participación comunitaria, el aprendizaje es un esfuerzo continuo que te mantiene ágil y adaptable. Este compromiso continuo con el crecimiento y la adaptación fortalece tu estabilidad financiera, ayudándote a sostener la independencia a largo plazo.

Las historias de personas que han logrado la independencia financiera a través de las criptomonedas son potentes fuentes de inspiración. Los primeros adoptantes que reconocieron el potencial de Bitcoin en sus inicios han visto crecer sus inversiones exponencialmente. Su visión y disposición para adoptar nuevas tecnologías allanaron el camino hacia la libertad financiera. Los innovadores que construyeron negocios exitosos relacionados con las criptomonedas también demuestran el vasto potencial dentro de este espacio. Al identificar vacíos en el mercado y ofrecer soluciones, han creado proyectos sostenibles que contribuyen no solo a su riqueza, sino también al ecosistema cripto en general. Estas historias destacan los diversos caminos hacia la independencia financiera, cada uno marcado por visión, determinación y una comprensión aguda del panorama cripto.

Al concluir este capítulo, considera cómo estas ideas pueden guiar tu viaje hacia la independencia financiera a través de las criptomonedas. Al adoptar un compromiso estratégico, una planificación disciplinada y un aprendizaje continuo, navegas con confianza por el dinámico mercado cripto. Con cada decisión, te acercas a un futuro donde la libertad financiera no es solo una aspiración, sino una realidad.

# Conclusión

Al llegar al final de este viaje, es importante reflexionar sobre la riqueza de conocimientos que hemos explorado juntos. Comenzamos desentrañando las complejidades del panorama de las criptomonedas, desmitificando los conceptos básicos que sustentan las monedas digitales. Hemos sentado una base sólida, desde comprender la tecnología blockchain hasta reconocer diversas criptomonedas más allá de Bitcoin. Nuestra exploración nos llevó a estrategias para invertir de manera sabia y segura, destacando la importancia de elegir intercambios confiables y entender el papel de las billeteras para proteger tus activos digitales. Más adelante, profundizamos en los intrincados análisis técnicos, ofreciendo perspectivas sobre cómo leer gráficos e identificar ciclos de mercado. Finalmente, exploramos las tendencias futuras, la inversión ética y el papel evolutivo de las criptomonedas en el ecosistema financiero global. Este viaje integral fue diseñado para brindarte el conocimiento y la confianza necesarios para navegar eficazmente en el mundo de las criptomonedas.

A lo largo de este libro, se han enfatizado puntos clave para asegurarte de que te lleves conocimientos aplicables. La importancia de asegurar tus inversiones en criptomonedas no puede subestimarse. Implementar medidas de seguridad sólidas, como la autenticación de dos factores y soluciones de almacenamiento en frío, protege tus activos digitales contra riesgos. Tomar decisiones informadas es otra lección crucial, destacando la necesidad de combinar análisis técnico y fundamental para realizar elecciones de inversión acertadas. También hemos resaltado consideraciones éticas, alentándote a invertir en proyectos que se alineen con tus metas financieras y valores personales. Recordando estas lecciones, puedes participar en el mercado de criptomonedas con confianza.

Este libro nació de una visión: empoderarte para invertir en criptomonedas de manera segura y sabia. Mis años de experiencia operando en plataformas como Robinhood y Coinbase me han demostrado el valor del consejo práctico basado en experiencias del mundo real. Ya seas un recién llegado al mundo cripto o un inversionista experimentado, el objetivo fue proporcionar claridad y nuevas perspectivas. Al analizar temas complejos en ideas comprensibles, espero haber hecho que este fascinante mundo sea más accesible para ti.

En el dinámico panorama de las criptomonedas, la educación continua es crucial. El mercado es dinámico, y estar informado es esencial para el éxito. Por favor, continúa tu educación aprovechando los recursos y herramientas proporcionados en este libro. Ya sea a través de cursos en línea, seminarios web o interactuando con la comunidad cripto, el aprendizaje continuo te mantendrá a la vanguardia de los desarrollos de la industria. La adaptabilidad y la disposición para abrazar nuevos conocimientos son tus aliados en este viaje.

Las inspiradoras historias de éxito reales compartidas en estas páginas sirven como motivación. Desde los primeros adoptantes que transformaron modestas inversiones en fortunas hasta individuos que lograron la independencia financiera, estas historias ilustran el vasto potencial dentro del espacio de las criptomonedas. No importa dónde comiences, las oportunidades de crecimiento y éxito son ilimitadas. Deja que estas historias te inspiren a dar pasos audaces y perseguir tu camino en el mundo cripto.

Ahora, te insto a tomar acción. Utiliza las estrategias y perspectivas obtenidas de este libro en tu viaje de inversión. Ya sea configurando una cuenta segura, explorando nuevas oportunidades de inversión o participando con la comunidad, estás listo. Tienes el conocimiento y la confianza para navegar las complejidades de las criptomonedas.

Gracias por embarcarte en este viaje conmigo. Te invito a unirte a la comunidad más amplia de criptomonedas. Asiste a encuentros, participa en foros y comparte tus experiencias. Al interactuar con otros, puedes continuar aprendiendo y contribuyendo al vibrante panorama cripto.

Mirando hacia adelante, el futuro de las criptomonedas es brillante y está lleno de posibilidades. Imagina tu papel en dar forma a este espacio dinámico. Con tus nuevos conocimientos, puedes contribuir positivamente al crecimiento e innovación de las finanzas digitales. Abraza las oportunidades que tienes por delante y sigue explorando el potencial ilimitado de las criptomonedas.

# Nota Importante del Autor

Quiero compartir algunas de mis experiencias e ideas sobre invertir en criptomonedas con mis lectores. Al comienzo de mis primeros proyectos en criptomonedas, pude haber ganado 200,000 dólares en 2 días con una inversión de 4,000 dólares en una nueva moneda cripto, pero no lo hice porque me dejé llevar por la codicia y pensé que seguiría subiendo. También fui estafado y perdí 4,000 dólares en otra moneda que prometía altos rendimientos, pero resultó ser un fraude cuando compartí mi frase secreta de recuperación para "recuperar mis pérdidas," solo para descubrir que estaban robando mis monedas de mi billetera MetaMask. Observaba cómo vaciaban mi cuenta en vivo. Inmediatamente lo noté y salvé la mitad de mis pérdidas transfiriendo el resto de las monedas a mi Trust Wallet.

Por eso recomiendo tener al menos dos billeteras para transferir criptos cuando sea necesario. **MetaMask**, **Trust Wallet** y **Coinbase** son buenas opciones. Estas billeteras generan una frase secreta de recuperación de 12-24 palabras; asegúrate de nunca perderla porque perderás todas tus criptomonedas en esas billeteras.

He aprendido a ser conservador, astuto y paciente. Por eso escribí este libro: para que estés informado y educado sobre criptomonedas. Mis consejos se basan únicamente en mi educación y experiencia. Haz tu propia investigación y busca asesoramiento adicional de profesionales legales. Recomiendo invertir solo en monedas seguras, generalmente dentro de las 200 criptomonedas mejor clasificadas como Bitcoin, Ethereum, Binance, XRP, Cronos, IOTX, etc.

Para hacer dinero de manera segura, el método de promediar el costo en dólares a largo plazo es el mejor. Los precios de las criptomonedas tienen ciclos de mercado de volatilidad media a alta dependiendo de eventos noticiosos y persuasiones en redes sociales. Solo recomiendo comprar en los mínimos del mercado y vender solo cuando alcance picos. Recuerda, utiliza dinero que no extrañarás y que no te causará dificultades si el mercado baja. Dependiendo de tu presupuesto, invierte solo dinero excedente que no notes.

Practica con cantidades pequeñas hasta que te sientas cómodo. Puedes abrir una cuenta en intercambios como Robinhood, Crypto.com y Coinbase con tan solo 100 dólares. Usa esta cantidad para practicar comprando y vendiendo criptomonedas. Una vez que te sientas cómodo, estarás listo para comenzar a invertir y ahorrar para tu futuro en el **Mundo de las Criptomonedas**.

# Referencias


- Blockchain Facts: ¿Qué es, cómo funciona y cómo puede...?
  https://www.investopedia.com/terms/b/blockchain.asp
- Bitcoin, altcoins, meme coin differences explained - CNBC https://www.cnbc.com/2024/05/29/bitcoin-altcoins-meme-coin-differences-explained.html#:~:text=Altcoins%2C%20also%20known%20as%20alternative,a%20specific%20purpose%20in%20mind.
- Proof of Work VS Proof of Stake in Blockchain https://glair.ai/post/proof-of-work-vs-proof-of-stake-in-blockchain
- The Pillars of Blockchain Security: Decentralization and ... https://blockapps.net/blog/the-pillars-of-blockchain-security-decentralization-and-encryption/
- Best Crypto Exchanges and Apps for October 2024 https://www.investopedia.com/best-crypto-exchanges-5071855
- Hot Wallet vs. Cold Wallet: What's the Difference? https://www.investopedia.com/hot-wallet-vs-cold-wallet-7098461
- How to Open a Crypto Account | Banks.com https://www.banks.com/articles/investing/cryptocurrency/open-account/
- Embracing Two-Factor Authentication for Enhanced ... https://www.tripwire.com/state-of-security/embracing-two-factor-authentication-enhanced-account-protection

- Complete Beginner's Guide to Reading Crypto Charts https://coinbureau.com/education/how-to-read-a-crypto-chart/
- Bull vs. Bear Markets: What's The Difference? https://www.investopedia.com/insights/digging-deeper-bull-and-bear-markets/
- CoinGecko is one of the best crypto analysis tools offering comprehensive digital currency data. https://ninjapromo.io/best-crypto-tools-for-analysis-trading-research
- How to Deal With Fear of Missing Out (FOMO) in Crypto Trading https://blog.ueex.com/fomo-in-crypto-trading/
- Long-Term vs Short-Term Crypto Investment Strategies https://medium.com/@TDXbiz/long-term-vs-short-term-crypto-investment-strategies-2f8e95143ed5
- Ultimate Guide to Diversifying Your Crypto Portfolio https://www.honeybricks.com/learn/crypto-portfolio-diversification
- How To Analyze Altcoins Before Investing In Them https://prestmit.io/blog/how-to-analyze-altcoins-before-investing-in-them
- The Risks and Rewards of ICO Investing https://www.bitget.com/academy/the-risks-and-rewards-of-ico-investing
- Understanding Private Keys: Crypto Safety https://komodoplatform.com/en/academy/bitcoin-private-key/
- Common cryptocurrency scams and how to avoid them https://www.kaspersky.com/resource-center/definitions/cryptocurrency-scams

- A guide to wallet security & best practices: https://algorand.co/learn/wallet-security-best-practices
- Privacy Coins Explained - A Complete Guide for Beginners https://www.tokenmetrics.com/blog/privacy-coins
- Digital assets | Internal Revenue Service https://www.irs.gov/businesses/small-businesses-self-employed/digital-assets
- Best Crypto Tax Software Of October 2024 https://www.forbes.com/advisor/taxes/best-crypto-tax-software/
- SEC Continues to Regulate Cryptocurrency Through ... https://www.troutman.com/insights/sec-continues-to-regulate-cryptocurrency-through-record-high-enforcement-efforts.html
- What Are the Legal Risks to Cryptocurrency Investors? https://www.investopedia.com/tech/what-are-legal-risks-cryptocurrency-investors/
- Bitcoin Pizza Day: Celebrating the 10000 BTC Pizza Order https://www.investopedia.com/news/bitcoin-pizza-day-celebrating-20-million-pizza-order/
- Smart Contracts Market Size, Share, Value, Global Report ... https://www.fortunebusinessinsights.com/smart-contracts-market-108635
- Ripple: Driving Global Payments with Blockchain https://fintechmagazine.com/articles/ripple-driving-global-payments-with-blockchain
- The impact of Tesla's Bitcoin investment and its plans to ... https://sciendo.com/pdf/10.2478/picbe-2021-0007

- Top 35 Cryptocurrency Forums in 2024 https://forums.feedspot.com/cryptocurrency_forums/
- 30 Best Crypto Conferences & Events to Attend in 2024 https://ninjapromo.io/best-crypto-conferences
- Cointelegraph Top 100 | 2023 https://cointelegraph.com/top-people-in-crypto-and-blockchain-2023
- Crypto Social Media Scams: How to Stay Safe https://www.certik.com/resources/blog/crypto-social-media-scams-how-to-stay-safe
- The Impact of Decentralized Finance on Traditional Banking https://www.openware.com/news/articles/the-impact-of-decentralized-finance-on-traditional-banking
- Blockchain and AI - Use Cases https://blog.chain.link/blockchain-ai-use-cases/
- Mid-Year Review: VanEck's 15 Crypto Predictions for 2024 https://www.vaneck.com/us/en/blogs/digital-assets/matthew-sigel-mid-year-review-vanecks-15-crypto-predictions-for-2024/
- The 2023 Global Crypto Adoption Index https://www.chainalysis.com/blog/2023-global-crypto-adoption-index/
- The Environmental Footprint of Bitcoin Mining Across the ... https://agupubs.onlinelibrary.wiley.com/doi/full/10.1029/2023EF003871
- Proof of stake vs. proof of work: What you need to know https://www.fidelity.com/learning-center/trading-investing/proof-of-work-vs-proof-of-stake

- The Giving Block's 2023 Annual Report Reveals Crypto ... https://www.nonprofitpro.com/article/the-giving-blocks-2023-annual-report-reveals-crypto-philanthropy-on-the-rise/.
- 15 Environmentally Sustainable Cryptocurrencies To Invest ... https://esgnews.com/15-environmentally-sustainable-cryptocurrencies-to-invest-in-right-now/
- Best Cryptocurrency Books: From Fundamentals to Trading https://bitsgap.com/blog/best-cryptocurrency-books-from-fundamentals-to-trading
- 8 Best Cryptocurrency Courses Online in 2024 https://hackr.io/blog/best-cryptocurrency-courses
- 36 Best Crypto Tools for Analysis, Trading & Research in ... https://ninjapromo.io/best-crypto-tools-for-analysis-trading-research
- Crypto Glossary of Terms And Jargon https://coinmarketcap.com/academy/glossary
- 7 Ways to Develop A Growth Mindset for Long-Term ... https://passiveincomemd.com/7-ways-to-develop-a-growth-mindset-for-long-term-investing-success/
- Cryptocurrency Market Size, Share & Growth Report, 2030 https://www.grandviewresearch.com/industry-analysis/cryptocurrency-market-report
- Bitcoin's Resilience: Thriving Amidst Global Uncertainty https://medium.com/roymavila/bitcoins-resilience-thriving-amidst-global-uncertainty-0f860940ca52
- Crypto Millionaires: Stories of Early Adopters https://vezgo.com/blog/crypto-millionaires/